CAMBRIDGE LIBRARY COLLECTION

Books of enduring scholarly value

History

The books reissued in this series include accounts of historical events and movements by eye-witnesses and contemporaries, as well as landmark studies that assembled significant source materials or developed new historiographical methods. The series includes work in social, political and military history on a wide range of periods and regions, giving modern scholars ready access to influential publications of the past.

The History of Westminster Abbey

The Dean of Westminster, J. Armitage Robinson (1862–1936), was responsible for the publication of several works about the history of the abbey (his *Manuscripts of Westminster Abbey* and *Gilbert Crispin, Abbot of Westminster* are also reissued in this series). This edition of a manuscript history in Latin, written by the monk John Flete (c. 1420–1465) was published in 1909. Robinson's introduction discusses the history of the text, the manuscript sources, the nature of the content (which contains Flete's transcriptions of charters and other documents) and the reliability of Flete's chronology. The text itself is not translated, but side-notes in English provide an abstract of the narrative, which begins in legendary times with the foundation of the abbey by 'King Lucius' in 184 CE. Flete also describes the appearance of the abbey in his own day, and the ceremonies of national significance which took place in this ancient building.

Cambridge University Press has long been a pioneer in the reissuing of out-of-print titles from its own backlist, producing digital reprints of books that are still sought after by scholars and students but could not be reprinted economically using traditional technology. The Cambridge Library Collection extends this activity to a wider range of books which are still of importance to researchers and professionals, either for the source material they contain, or as landmarks in the history of their academic discipline.

Drawing from the world-renowned collections in the Cambridge University Library, and guided by the advice of experts in each subject area, Cambridge University Press is using state-of-the-art scanning machines in its own Printing House to capture the content of each book selected for inclusion. The files are processed to give a consistently clear, crisp image, and the books finished to the high quality standard for which the Press is recognised around the world. The latest print-on-demand technology ensures that the books will remain available indefinitely, and that orders for single or multiple copies can quickly be supplied.

The Cambridge Library Collection will bring back to life books of enduring scholarly value (including out-of-copyright works originally issued by other publishers) across a wide range of disciplines in the humanities and social sciences and in science and technology.

The History of Westminster Abbey

John Flete
Edited by J. Armitage Robinson

CAMBRIDGE UNIVERSITY PRESS

Cambridge, New York, Melbourne, Madrid, Cape Town,
Singapore, São Paolo, Delhi, Tokyo, Mexico City

Published in the United States of America by Cambridge University Press, New York

www.cambridge.org
Information on this title: www.cambridge.org/9781108072946

© in this compilation Cambridge University Press 2011

This edition first published 1909
This digitally printed version 2011

ISBN 978-1-108-07294-6 Paperback

This book reproduces the text of the original edition. The content and language reflect the beliefs, practices and terminology of their time, and have not been updated.

Cambridge University Press wishes to make clear that the book, unless originally published by Cambridge, is not being republished by, in association or collaboration with, or with the endorsement or approval of, the original publisher or its successors in title.

NOTES AND DOCUMENTS

RELATING TO

WESTMINSTER ABBEY

No. 2

FLETE'S HISTORY OF WESTMINSTER ABBEY

CAMBRIDGE UNIVERSITY PRESS WAREHOUSE,
C. F. CLAY, Manager.
London: FETTER LANE, E.C.
Edinburgh: 100, PRINCES STREET.

Berlin: A. ASHER AND CO.
Leipzig: F. A. BROCKHAUS.
New York: G. P. PUTNAM'S SONS.
Bombay and Calcutta: MACMILLAN AND CO., Ltd.

[*All rights reserved*]

THE HISTORY OF WESTMINSTER ABBEY

BY JOHN FLETE

EDITED BY

J. ARMITAGE ROBINSON, D.D.

DEAN OF WESTMINSTER

CAMBRIDGE:
AT THE UNIVERSITY PRESS
1909

Cambridge:

PRINTED BY JOHN CLAY, M.A.

AT THE UNIVERSITY PRESS.

VNIVERSITATI · DVBLINENSI

ET · COLLEGIO · SANCTAE · ET · INDIVIDVAE · TRINITATIS

IVXTA · DVBLIN

QVORVM · EX · DECRETO

TITVLO · DOCTORIS · IN · SACRA · THEOLOGIA

NVPERRIME · CVMVLATVS · SVM

HOC · OPVS · QVANTVLVMCVMQVE

DE · PRIMITIIS · ECCLESIAE · WESTMONASTERIENSIS

TANTO · BENEFICIO · DEVINCTVS

LVBENTER · DEDICO

PREFACE

THE only medieval writer who has attempted a history of Westminster Abbey is John Flete, a monk of the house from 1420 to 1465. Sulcard indeed, nearly four centuries earlier, wrote its story, then for the most part legendary, in the days of William the Conqueror. Widmore, three centuries after Flete, availed himself of Flete's labours, and also diligently investigated the treasures of the Muniment Room: he compiled a history, accurate, judicious and concise, which has been the foundation of all subsequent work.

It is probable that the excellence of Widmore's history has been the cause why Flete's own work has lain so long in obscurity and has never before been printed. Much of the credit due to him has meanwhile been given to another monk, Richard Sporley, who transcribed a large part of Flete's book in a manuscript which found its way with Cotton's library into the British Museum and thus became more easily accessible to the historian and the antiquary.

The present edition is an attempt to do tardy justice to a writer, who, though he displays no graces of style and not the most rudimentary sense of humour, has devoted vast pains to his task, has copied actual documents in attestation of his statements, and refrains from guessing where he can find no evidence.

To have accompanied this edition with adequate notes would have meant an indefinite postponement of its publication, and would have demanded an intimate acquaintance with monastic institutions to which the present editor can make no claim. A trustworthy text is the first and immediate need. This is what is here attempted. Some introductory remarks deal with the growth of the legend of the consecration of the Church by St Peter 'in the spirit'; with the authenticity of some royal charters and papal bulls; with the relics and indulgences, the effigies of the Norman abbots, and the ancient tapestries of the choir. An attempt has also been made to correct Flete's inaccuracies in the chronology of the abbots: but this is offered only provisionally, and with a sense of misgiving.

The editor desires to recognise his obligations to the authorities of Trinity College, Dublin, who entrusted to him their fragment of the earliest manuscript of this history; to Dr Edward Scott, the keeper of the Muniments; to Mr F. Lambert, the Assistant Curator of the Guildhall Museum; and to the Reverend R. B. Rackham, who in addition to much other good service has made himself responsible for the index.

INTRODUCTION

The History of Westminster Abbey, written by John Flete, in the middle of the fifteenth century falls into four main divisions:

(1) The story of the foundation of the Abbey,
(2) The evidences of its privileges,
(3) A list of relics and a list of indulgences,
(4) The lives of the Abbots.

A Preface is prefixed, in which the writer expresses his intention of carrying his history down to the twenty-second year of K. Henry VI, that is to A.D. 1443: but as a matter of fact the book breaks off with the death of Nicholas Litlyngton in 1386.

John Flete.

John Flete first appears in the Chamberlain's roll of 1420. He was one of the two Wardens of Queen Eleanor's manors, and the senior of the two, from Michaelmas 1443 to Michaelmas 1446. During his tenure of office there was drawn up a *territorium* of Holme and other estates, which is preserved in a MS now at Cambridge (*Univ. Libr.* Kk. 5. 29).

He was *Custos novi operis*, that is Warden of the new work on the Church, in 1445–6, when we find that work was being done on the little chamber over the great west door of the nave. In 1449–50 he was Treasurer, and in this capacity he was responsible for the restoration of the dormitory after the fire of 1447. George Norwich, who was three years his junior, seems to have been born under an unlucky star. In later years he mismanaged the affairs of the convent so badly as abbot that he was forced to go into retirement, and he died under a cloud in 1469. But his earliest exploit was to set the dormitory on fire, as we learn from the following laconic entry in the note-book of Prior Essex (f. 64 *b*):

Memorandum quod anno regni regis Henrici sexti xxvi°, feria iv^a^, xxv° die mensis Octobris, in festo sanctorum Crispini et Crispiniani, circa horam novenam in nocte factum est incendium dormitorii per fratrem Georgium Norwyche.

Exhibited in the Chapter House (*Fabric.* xxii 9) are the Letters Patent of K. Henry VI, dated 8 Sept. 1448, releasing the abbot and convent from the payment of £69—the moiety of a tenth voted in the last Convocation; because the king has learned 'qualiter dormitorium monasterii praedicti nuper per subitum ignis infortunium combustum fuerit,' at a time when the Abbey was heavily burdened with a pressing debt and unless aided could not complete the work of restoration before Christmas.

The final account of the work was not rendered till Michaelmas 1450, and its total cost amounted to £185, or considerably more than £2000 of the money of to-day. It is interesting to see how the Treasurer got together most of this sum. Forty pounds came in as a legacy 'pro anima Johannis Frensshe de Horsham.' The monks subscribed £16. 13. 4, and their tenants and servants £6. 14. 8. The old timber of the dormitory was sold for about six pounds. Then there was the £69 of the dues relaxed by the king: but, what with fees and gratuities to certain people of importance, not much more than fifty pounds of this was realised. The following entry will shew how John Flete had to transact the business:

Datum Domino Thesaurario ad concordandum cum ipso in pretio unius dolei vini £6.

From Michaelmas 1456 to Lady Day 1457 we find John Flete at the *Novum opus* again. But about this time he became Prior, and we know nothing more of him till his death in 1465.

The Story of the Foundation of the Church.

The first document which follows the Preface recounts in a summary form the first foundation of the Church by K. Lucius in A.D. 184, its degradation to be a temple of Apollo after the Diocletian persecution, its reconstruction by K. Sebert and its consecration by St Peter 'in the spirit.' This first extract, which is said to be taken from an ancient Anglo-Saxon Chronicle, I have not been able to trace to its source. But, as we shall presently understand, it cannot be much earlier than the middle of the twelfth century, because it already has the name of Sebert as a founder. Certain of its phrases have a peculiarly Westminster ring, and recur several times in Flete's history. It is not improbable that Westminster had its own edition, with appropriate supplements, of the old Saxon Chronicle in a Latin dress.

Of the consecration of the Church by St Peter Flete has transcribed four narratives:

(1) From an ancient Chronicle, beginning 'Tempore quo rex Ethelbertus.'

(2) From the Life of St Mellitus.

(3) From the Chronicle of Sulcard.

(4) From a Chronicle called 'Liber Regius.'

1. The first extract appears, apparently as a separate piece, in MS Bodl. 101 (see Hardy, *Catalogue of Materials*, I 192): compare Flete's expression (1, 28) 'chronica quae sic incipit.' It is also quoted by the Continuator of the *Eulogium* (Rolls Series, III 342) as adduced by Abbot Litlyngton before K. Richard II. It is found, however, in the Life of St Edward by Ailred of Rievaulx (A.D. 1163), where it forms the chapter entitled 'De ecclesia Westmonasterii, quam sanctus Petrus dedicavit' (Twysden, *Decem Scriptores*, col. 385).

2. The Life of Mellitus, from which the second account is taken, is that by Goscelin which is found in Brit. Mus. Vespas. B XX and Harl. 105. Goscelin died about 1099: he was a monk of St Bertin, who had come to England about forty years previously.

3. The third authority, Sulcard, was a monk of Westminster in the time of Abbot Vitalis (1072—1081), to whom his work is dedicated. In the British Museum there is a Westminster Chartulary, mostly in a hand of the first part of the fourteenth century (Faustina A III), of which the first chapter consists of Sulcard's tract[1].

4. The 'Liber Regius' cannot at present be identified. In a footnote in the lower margin of the first folio of Flete a later hand ascribes it to a monk of Bury St Edmunds, who is said to have written it for K. Richard II[2]. A book called 'Liber Regius' was known to William of Sudbury, who quotes from it in his tract on the Regalia

[1] It begins: '*Hic incipit prologus de construccione Westmon. C. i.* Venerabili viro et semper dei servo domino Abbati Vitali monachorum minimus frater Sulcardus cum devoto famulatu et obsequio.' The copy in Titus A VIII is made from this, as may be seen by the subsequent corrections which it has embodied.

[2] 'Cronica Regia ideo dicitur quia Rex Richardus secundus eam scribi fecit a monacho quodam cenobii S. Edmundi de Berye.'

addressed to K. Richard II. This tract is preserved to us in the *Speculum Historiale* of Richard of Cirencester (iii 3)[1]. Moreover it would appear that Richard of Cirencester himself knew the 'Liber Regius': for, though he cites no authority, he has embodied the whole of our present extract except the first few lines in *Speculum* ii 17 (Mayor, 92 ff.)[2].

What is the literary relation between these documents? Let us take first the story of Sulcard, which must have been written between 1072 and 1081. King Ethelbert, having built a church for St Paul, is anxious to secure for London the favour of St Peter as well. While he is considering the question of an appropriate site, a citizen of London and his wife ask that they may be permitted to build the new church[3]. The Thames with its tides surrounds Thorney island, two miles from the city. Here this wealthy Christian[4] erected a church, and asked Mellitus to come and consecrate it. A day was fixed; due preparations were made, and the Christian folk were summoned from all quarters. Tents were fixed half a mile from the church, for an inundation of the river prevented nearer access the night before. While all were wrapt in sleep, St Peter appeared on the bank of the Thames, and called to a fisherman to take him across. He might indeed have appeared on

[1] Rolls Series, ed. Mayor, II 33: 'Hoc etiam testatur alia chronica, qui Liber Regius appellatur, in qua continetur: "Igitur post haec Hardecnutone filio Cnutonis de Dacia veniente, a proceribus Anglorum in regem est susceptus. Qui statim inauditum commisit. Haroldum enim...et in coemiterio Danorum Londoniae tumulatur." Et sequitur ad propositum: "Hic quidem H.... regalia sua in eodem reposuerat."'

[2] Dr M. R. James has found among the MSS at Corpus Christi College, Cambridge, one (no. 251) which has the Bury St Edmunds press mark and is entitled: Historia de Bruto rege Britonum cum aliis regibus Angliae linealiter ab eo descendentibus usque ad regem Ricardum secundum, qui praesentem fecit compilari historiam anno regni sui quarto decimo': *inc.* 'De patre istius Bruti historiae videntur dissonare.' But this does not contain the passages in question. Dr James suggests that it may be an abbreviation of the true 'Liber Regius': it has marginal references to chapters of an unnamed work which is the source of the greater part of the text.

[3] This is contained in the passage which immediately precedes Flete's extract: 'Cumque eidem insigni loco beatum Petrum pariter cuperet patrocinari, et ubi eius domus exornari [poterat *added later*] volveret intentione speciali; ecce quidam civium urbis non infimus cum uxore sua regi astitit, diutinam cordis sui voluntatem super construenda eidem apostolorum principi ecclesia edicit, et super hoc ab ipso inclyto rege licentiam devotus petiit: quo audito rex nimium est gavisus, annuitque et exhortatur praedivitem ad desideratum opus, et ut hoc quam citius inciperet commonet attentius: qui regio favore laetatus deo gratias agens domum repedavit laetissimus. illustrat praefatam urbem regius amnis,' &c., as in Flete. In the margin are the words 'Saberthus subregulus London.'; but Sulcard himself never names the wealthy citizen.

[4] Flete has 'praedives Christicola Sebertus'; but 'Sebertus' is not in Sulcard's text. The same remark applies to 'ille meus amicus Sebertus' lower down (9, 7).

the island itself, but doubtless he desired as an eyewitness a man of his own craft. It was with some difficulty that he persuaded the man to take him over, for he wondered what a stranger was doing there at that time of night. The apostle landed, and bade the fisherman await his return. Then he struck the ground twice with his staff and produced two springs, which long flowed till the tide washed away the shore where they were. He proceeded to the church, attended now by celestial choirs: the whole place was lit up with a splendour of light: heaven opened to behold the apostle's work on earth. The fisherman was held fast by terror, only to be released by the apostle, who on his return restored his tottering senses, and then enquired what he had seen and heard. Presently he revealed his name and the purpose of his visit; and he bade him go the next morning and tell Mellitus, who would find the signs of consecration on the anointed walls. The bishop's labour in that matter was not now needed; but he should celebrate mass and perform his episcopal ministry. Then the apostle promised the fisherman a large haul in attestation of the vision: one fish he must present to Mellitus in confirmation of his message, though the bishop will probably have received some divine intimation already. Lastly he bids him never fish again on Sunday: so he and his posterity shall have good success. For this was the night of the Lord's day. Then the apostle was withdrawn from his sight, and taken back into heaven. A wonderful draught of the fish they call salmon rewarded the boatman; and the next day he delivered the message and the fish to Mellitus, who rejoiced for the honour paid him by the apostle. Entering the church, he found the walls signed with sacred unction, and marks of candles fixed upon them. Gathering in the people, he celebrated mass and preached, and sent them penitent and joyful to their homes. The church, God's new bride, obtained thenceforward a new name—no longer the Isle of Thorns, but the West Monastery[1].

Such is the narrative of Sulcard—or rather, a brief summary of it. In striking contrast to his clumsy and long-winded tale stands the clear and straightforward story of his contemporary Goscelin, the biographer of Mellitus. The favour shewn by heaven to Mellitus, we are told, is

[1] After 'nomen accepit' (10, 9) Flete adds 'etc.'; but Sulcard continues: 'Constructor autem ecclesiae multis cum uxore sua supervixit annis; et in ejus augendo provectu laborabant studio sanctae intentionis: peractoque vitae mortalis cursu in eadem sepulti sunt in plumbeis sarcophagis, sicut postea reperti sunt a quodam abbate ecclesiam revocante aedificiis' [read with Richard of Cirencester (ii 17) 'amplioribus renovante aedificiis']. Here again the name 'Saberthus' appears in the margin.

attested by the famous church of Westminster which St Peter consecrated on his behalf. The bishop had come in all readiness for the dedication; his tents fixed half a mile away, he waited for the Lord's day to dawn. That night St Peter on the further bank of the Thames called to a fisherman who was plying his craft, and promised him a reward to take him over. Landing he bade him await his return. The fisherman, amazed at the stranger's more than earthly dignity, suddenly beholds the church lit up with heavenly light, and a white-robed choir circling round inside and out. He hears celestial music, and had he been present at such a ceremony before might have followed the consecration rite: as it was, he could scarce breathe for terror. The apostle on his return, when all was over, calmed his fears and told him the meaning of what he had seen. As they rowed across, he asked him if he had caught anything that night, and then bade him cast his net. He obeyed and drew in a multitude of fishes, among which was an enormous salmon (*esicius*). This he bade him take to Mellitus: the rest were for his fare. Abundance of this kind he and his posterity should have: only let them not dare to fish again on Sunday. 'Tell the bishop with this gift from me not to trouble himself about the consecration. I have performed it myself, as he will see by plain tokens, though he will know it already by my revealing: let him celebrate the consecration mass, and absolve and bless the people on my behalf. I am Peter, who thus speak to thee and lay my commands on him.' In the morning he told the bishop, and confirmed his words with the apostle's gift. Mellitus overflowing with gratitude hurried to the church, which he found baptised in Jordan streams, the pavement inscribed with symbolic letters, the walls anointed with twelve crosses, besides the remains of twelve burnt candles. What more should he do, but celebrate, absolve and bless, and render thanks to God?

There is so much phraseology in common that it is clear that these two accounts are not independent: and it will hardly be disputed that Goscelin's is the later, though it may be by only a few years. Sulcard writes for the glory of the Abbey, and makes us feel this at every step. Goscelin is composing a biography of Mellitus, and has no space for irrelevant amplifications. The Thames and its tides, and its unusual inundation; the fountains that have ceased to flow: the rich citizen, and the reward of his meek and quiet spirit; the assembled multitudes wrapt in deep slumber; the new bride with her change of name—all these drop out of sight. The profound horror of the fisherman, his gradual restoration, his recognition that the stranger is good, be he who he may—these are reduced to reasonable limits, and the whole story is drawn together into a succinct form. The travelled monk, who has seen Rome, and witnessed the consecration of churches (as he almost tells us —'si prius interfuisset,' &c.), shews incidentally his knowledge of ritual, and gives us details which would hardly have been omitted by Sulcard if he had found them already in the story.

Here then we have the tale as it was twice written down in the days of William the Conqueror; and we may well believe the statement of Edward the Confessor's later biographers that it was told to that pious king himself, and stimulated his zeal in the re-building of St Peter's church. Before we discuss it further, we may set side by side with it what appears to be a quite independent account, given by William of Malmesbury in his *Gesta Pontificum Anglorum,* the first edition of which was published in 1125[1]. There the foundation is ascribed to Mellitus, who is said to have been urged to it by St Peter himself. When the church was built, the apostle appeared and consecrated it, and sent a fish by the hands of a rustic as a present to the bishop. In spite of the man's obvious ignorance—for he was no Christian—the bishop believed his message; for the description which he gave of the apostle's features corresponded with pictures which Mellitus had seen. Moreover the consecration was attested by candles that had been lighted, crosses made, and water sprinkled, as well as by traces of holy oil. The bishop forbore from further consecration, and uttered a prophecy of the future greatness of the monastery.

[1] According to Hamilton, Rolls Series edn, p. viii. The whole passage (p. 140 f.) is as follows: 'Tunc vero Mellitus deo cooperante, et Ethelbirhti tutus amminiculo, Christianitatis fidem egregie in provincia propagavit. nam et monasterium beato Petro in occidentali civitatis parte fecit, ipsius apostoli, ut fertur, ammonitus nuntio: qui et coram visus ecclesiam recens factam per se dedicaverit, et per rusticum episcopo xenium gratissimum, grandem scilicet piscem, destinaverit. nec vero de dicto dubitare voluit, qui videret agrestis fatuitatis hominem, qui nec Christianus esset, de Petro afferentem nuntium, ejusdemque corporis lineamenta quae Mellitus nosset ex pictura veraciter pronuntiantem. creditum ergo, nec consecrationis mysterium repetitum: quam perfectam monstrarent candelae per totam ecclesiam accensae, cruces factae, nec minus aquae aspersae, et sacrati olei locis debitis non frivola vestigia. cessit divino officio humana sedulitas, pronuntiavitque voce prophetica momenti magni futurum monasterium, in quo apostolus pontificale exercuisset obsequium. sensim vaticinii veritas processit in medium, praesertim tempore regis Edwardi ultimi, qui ampliori conventu ibidem adunato ecelesiam aedificationis genere novo fecit. nec minus, sed multo etiam majus, rex Willelmus extulit locum, magnis redditibus praediorum, quod ibi regni susceperit insignia: consuetudo igitur apud posteros evaluit, ut propter Edwardi inibi sepulti memoriam regiam regnaturi accipiant coronam.' Comp. p. 178: 'Hunc [sc. Wlfsinum] Dunstanus archiepiscopus, cum esset Londoniae episcopus, abbatem apud Westmonasterium fecerat, instructo ad xii monachos coenobiolo in loco ubi quondam Mellitus ecclesiam sancto Petro fecerat.'

The first point to be observed in connexion with these three narratives is that down to the year 1125, at any rate, there is no mention of King Sebert as the founder. Sulcard is plainly ignorant of the founder's name. Before his days, under some abbot whom he cannot name, two leaden coffins were found in the church on the occasion of its enlargement. We may suppose that Eadwine was the abbot, and that the Confessor's rebuilding was the occasion of the discovery. It was natural to conclude that these were the coffins of the founder and his wife, whoever they may have been. A nameless citizen of London thus comes to figure in Sulcard's story.

To Goscelin the matter is of no interest; though, if Mellitus had himself been the founder, he would of course have mentioned this to his credit. Goscelin's silence, indeed, justifies us in setting aside the statement of William of Malmesbury, though twice repeated, that the church was built by Mellitus.

The next point of interest is that there is thus far no indication of any strained relation with the see of London. It has been often said that the story was invented by the monks of Westminster to support their claim of exemption from the bishop's jurisdiction. No doubt it was used, and with great effect, for this purpose in later times; and we shall presently see that the story has this turn given to it. But it was not a weapon forged for this particular combat. Indeed, Mellitus is treated with the highest respect by Sulcard; and Goscelin delights in the tale as one of the most honourable events in the bishop's career: nor does William of Malmesbury find it inconsistent with the foundation of the church by Mellitus himself.

Thirdly we note that another purpose to which the story lent itself in after days is not among the motives of its origination. There is no suggestion in these early narratives of the customary payment of the tithe of salmon to the Abbey.

Ailred's narrative, to which Flete gives the place of honour, is in fact only a reproduction, in a somewhat less inelegant style, of the corresponding chapter of Osbert's Life of St Edward[1]. Osbert's work

[1] Osbert of Clare, a monk of Westminster, seems to have been banished from the monastery under Abbot Herebert, c. 1128 to 1130; but about 1136 he was back again and was made prior. About 1141 he went to Rome, and on this occasion wrote a life of Edward the Confessor which he dedicated to the legate Alberic, imploring assistance for the obtaining of his canonisation. This however was not granted until 1161. Osbert's letters, from which the chief facts as to his life are drawn, were published by R. Anstruther in *Scriptores Monachi*, 1846.

has hitherto been known only from an abbreviation of it contained in a MS at Corpus Christi College, Cambridge (no. 161). The full text has however now been found in a *Passionale* recently purchased for the British Museum (Add. MS 36,737: f. 144 *b*). I am therefore able to print his narrative for the first time. It will be seen that it is in the main an expansion of Goscelin's, though it is touched up here and there with a phrase from Sulcard.

It is specially noteworthy for two additions. In the first place, the foundation of the church is ascribed to King Sebert. Now it is to be observed that the only mention of Sebert up to this point occurs in the prefatory sentences which Goscelin prefixes to his narrative (*infr.* p. 38); and these sentences are taken word for word out of Bede *Hist. Eccl.* ii 3. There Sebert is mentioned as Ethelbert's nephew, who ruled as his subordinate in London: but there is no suggestion that he was concerned at all in the building of the new church of St Peter. In fact, these sentences, though forming an integral part of the Life of Mellitus, have no special connexion with the story which happens to follow them. It is however a reasonable conjecture that this juxtaposition suggested the name of Sebert as the founder. At any rate it is when Osbert recasts these opening sentences that Sebert first appears in that capacity.

The second serious addition occurs at the close of his narrative. The descendants of St Peter's fisherman still to this day, he says, honour the apostle with the tithe of what they catch. And he adds a long tale of the misfortune that befel one of them who in recent times had endeavoured to cheat the monks of their due.

Osbert's narrative is as follows:

De ecclesia sancti Petri Westmonasterii quam idem apostolus per se dedicavit.

Antiquum beati principis apostolorum et insigne monasterium non recens, non novum, non moderno tempore constructum, sed a diebus servi dei Augustini, primi Anglorum apostoli, a Saberto Orientalium Saxonum rege copiosa dicitur caritate fundatum. hic nepos sancti Ethelberti regis exstitit, quem Christi praedicatione sanctus Augustinus imbutum in urbe Cantuaria baptizavit. administrante vero pontificatum Lundonensis ecclesiae Mellito, sub titulo beati Petri apostoli dedicanda erat ecclesia ad occidentalem urbis plagam extra muros sita. sed, ut gestae rei persequamur ordinem, paratis praesul rebus venit ad dedicationem: tentoriis autem a dimidio fixis miliario crastinum illucescentis dominicae diluculum expectat, ut aurora fulgente expeditus occurrat. verumtamen dominica nocte ille caelestis aulae janitor in ulteriore ripa fluvii Thamensis astitit, qui eidem monasterio ab orientali parte vicinus subtercurrit. vocat itaque piscatorem, qui praedam exercebat fluvialem: ad alteram ripam se poscit exponi, mercedemque dum redeat praestolari. transposito amne persona recessit ignota; donaria piscator expectat promissa: stupidus interim repente contemplatur ecclesiam supernis in circuitu luminaribus plenam flammarum globos caelitus emittere, et candidatorum choros nunc initus nunc foris cum concentibus angelicis locum eundem circuire: audit mortalibus insuetam suavitatis harmoniam. majestatem secum reputat imperiosam, quae quiddam insigne spirans et immortale poterat ad caelestia intuentes accendere. patent aethera sursum, claritas resplendet immensa deorsum. apostolico piscator nutu tenetur, dum redeat et laboris sui mercedem quam transiens promiserat apprehendat.

Sacramento tandem divinae dedicationis expleto, sidereae mansionis janitor ad ducem navis iterum rediit, et piscator piscatorem de transponendo fluvium cito convenit. lenit itaque paventem, quem paene prae timore invenit exanimem; et eum salutifera exhortatione visitat, ut de caelestibus mysteriis quae viderat confidat. remigantem itaque per amnem et superiori ripae approximantem collega collegam alloquitur, et piscator piscatorem his sermonibus sic affatur: Qualiter, inquit, in arte profecisti piscationis tuae? quid captum est hac nocte? an aliquid retia tibi operata sunt commodum? an jactata sunt in flumine ad aliquem profectum? cumque negaret ille capturam et diceret defecisse sibi materiam, qui prius loquebatur adjecit: Inice retia fluvio, et abundanter capies in momento. paret jubentis imperio, et alveo fluminis maculas injecit, et piscibus plenas protinus extraxit. inter caeteros vero piscem repperit in reti mirabilem, quem vulgo appellant salmonem. Hunc, inquit, mane vice mea Mellito repraesenta pontifici: tuae vero qui supersunt reputabuntur mercedi. comite autem vita hujus tibi generis non deerit copia; et tua post te tempore longo progenies hac arte parabit aedes sibi locupletes. dominicis tamen diebus sacro vacabis otio; et sic ab hoc negotio cohibe dexteram, ne vadas ulterius in capturam. imperium meum sedulus explorator arripe, et episcopo dedicatam nuntiabis ecclesiam, qui mihi intendit dedicare praeparatam. ego ipse eam per me sacravi; ego mysteriis sanctis interfui; et accedens praesul factum reperiet quod se facturum urbs vicina docet. missas dumtaxat dedicationis solemniter peragat, et populum domini benedicens absolvat. auctor hujus mandati Petrus est apostolus Jesu Christi, qui ea quae audis tecum loquitur, et ex hujus ore res ista episcopo significata mandatur.

Visio itaque beati disparuit his dictis apostoli. cum piscator mane ad episcopum retulit quidquid ab apostolo superius audivit, fides adhibetur in munere quod sibi cum apostolica provenerat salute. gratulatur Mellitus caeli clavicularium hujus sacrationis peregisse mysterium; ingrediensque signatos chrismate parietes repperit, quos jordanicis respersos fluentis intellexit: duodenis conspicit crucibus insignitos, et typicos characteres pavimentis inscriptos; conflagratorum etiam reliquiis cereorum beatum animadvertit affuisse Petrum apostolum, hancque deo decenter sacrasse basilicam, et agno sponso nuptam despondisse incorruptam. gratias agit deo sanctoque apostolo, et pontificalibus amictus indumentis missas facit celebres tantae solemnitatis: sermonis protulit de re gesta compendium, intendens profectibus animarum: offert sacrificium, immolat holocaustum, confitentes absolvit, populum domini benedicit. expletis itaque celebritatis tantae mysteriis cum gaudio pontifex recessit ad propria: et nova cotidie deinceps crevit deo sponsa. Thorneia vero anglice, quae spinarum insula latine dicitur, vocabulum vetustatis amisit, et a vento vel situ civitatis occidentale monasterium nomen accepit.

Piscatores vero, qui de genere illius descenderunt cui beatus Petrus apparuit et qui ad sanctum Mellitum eundem transmisit, adhuc usque hodie qui nascuntur per ordinem decimata captione sancti principis apostolorum venerantur dignitatem.

In recasting Osbert's narrative Ailred has given himself a free hand as to style: he introduces a reference to Jacob's ladder, and he fashions St Peter's conversation with the fisherman after St Luke's account of the Miraculous Draught. He adds practically nothing to the story, except in making Sebert the founder of St Paul's as well as of Westminster—and this is corrected again in the extract given by Flete. He omits all reference to Sunday, and also St Peter's promise to the fisherman and his posterity: but he makes the apostle promise to visit the new church and bless those who worship there; and he refers to the tithe of fish as a standing witness to the miracle, and very briefly relates that a fisherman had once refused to pay it and had suffered in consequence.

The much later story found in the 'Liber Regius' is chiefly drawn from Ailred, but the writer knows what Ailred does not tell, that the consecration was on Sunday; and he gives what no one has hitherto mentioned, the name of the fisherman—Edric.

He still further elaborates the signs of the consecration, adding that the altar was anointed, and three crosses carved on it: incense half-consumed was also found upon it, and collected by the monks and preserved as a relic. He makes St Peter command that tithe of salmon shall be paid to the Abbey as a perpetual witness to the consecration: and at the close of his narrative he speaks of the wicked parish priests who have tried to prevent the fishermen of their parishes from paying it. The failure of fish in the river is attributed to the neglect of the apostle's injunction. Lastly, he tells that King Sebert lies buried with his wife near the altar which St Peter dedicated.

The extract in Flete is abbreviated at the close. We find in Richard of Cirencester (*Spec.* ii 17), who has embodied the same passage, a fuller account of Sebert: the leaden coffins, mentioned by Sulcard, are again referred to; and also the removal of Sebert's remains seven hundred years after his death. Sebert's epitaph is given, and the date of his death (31 July 616), which had been preceded by that of his wife Ethelgoda (13 Sept. 615).

Evidences of the privileges of Westminster.

The following charters are cited by Flete:

1. K. Edgar.
2. St Dunstan.
3. St Edward (three charters).
4. K. William the Conqueror (first charter).
5. K. Henry I.
9. K. Stephen.

1. *K. Edgar.* The charter which Flete cites begins thus: 'Regnante domino nostro Ihesu Christo in perpetuum. Ego Eadgarus Dei gratia Anglorum rex,' etc.[1] It is printed in Dugdale, *Monasticon*, ed. 1846, I 291: Birch, *Cartularium Saxonicum* III 548. The authorities, on which the text hitherto printed rests, are the Cotton MSS Faustina A III (cent. xiv early) and Titus A VIII (which in part at least is copied from the preceding). We may add to these the Westminster 'Domesday' (written c. 1308) f. 36 *b*. Nothing purporting to be the original of this charter is known to exist. It is for convenience called 'the great charter' of K. Edgar.

There is still preserved a short charter of Edgar, which appears to be genuine. If not the original, it is a very early copy: its date, A.D. 951, causes difficulty, and should rather be 959. It is printed by Birch, III 260: less satisfactorily by Widmore and Dugdale. It is classed among our muniments as Charter no. V.

Of this there is an expansion, Charter no. VI, which inserts a clause as to the consecration of the Church by St Peter, and another as to freedom from interference and from imposts. It is followed by a recital of further gifts to the Abbey. A copy of it is in 'Domesday' f. 79, and it is printed by Birch, III 692 (together with 604).

An examination of the great charter of Edgar shews:

(1) that it is based on the expanded copy of the short charter;

(2) that it embodies sentences and ideas from Dunstan's charter;

(3) that it agrees in wording sometimes with the first charter of the Confessor, and still more often with his third charter;

(4) that its signatures correspond at the outset with those of the

[1] Contrast the beginning of the genuine charter of Edgar: '✠ Anno ab incarnatione domini nostri Ihesu Christi DCCCCLI. Ego Eadgar divina alubescente gratia Rex et primicherius totius Albionis,' etc.

Ramsey charter of Edgar (see Birch III 639, 644). They are compatible with a date between 981 and 984: but the date assigned in the charter is 989.

(5) that it cannot be much earlier than 1140, because Sebert is introduced as founder.

A parchment placard (Ch. no. X[B], 1 ft. 10 in. × 1 ft. 9 in.) in large letters of the xivth century contains two long quotations from Edgar's great charter, and also a passage from St Dunstan's charter. It was evidently drawn up to be posted somewhere in the church. It begins: *Vereantur et paveant qui privilegia seu libertates hujus Ecclesiae in aliquo violare vel infringere conantur.* It belongs to the period when the rights of sanctuary were much contested, probably to the reign of K. Richard II.

2. *St Dunstan.* Flete cites about half of a long charter of St Dunstan, which is still preserved (Ch. no. IX). It is written in a hand of the end of the xith century, and has appended to it a seal, the workmanship of which is attributed to the same period. The obverse of the seal shews a seated episcopal figure with a pastoral staff and a book inscribed PAX VOBISCVM: the legend round it is ✠ SIGILLVM DVNSTANI EP̄I LVNḠ. Its reverse, which is much smaller, has a female figure standing, which may be compared with the somewhat similar female figure on the reverse of the Worcester Priory seal, which indeed may have suggested this to the Westminster monks: in each case an ancient gem would seem to have been appropriated. The legend here is ✠ DVNSTAN EP̄C ƿIGORN̄.

The date of the charter, A.D. 959, is required for Dunstan as bishop of London: but it is incompatible with the other episcopal signatures, which give 984—991 as limits. As a matter of fact the last two letters of the date (DCCCCLIX) are over an erasure, and Richard of Cirencester (II 104) quoting this charter dates it 970 (LXX for LIX).

The document implies a struggle with London as to privileges in general, and specially as to *synodalia*, burial of outsiders, and criminal processes. In these matters it probably reflects the condition of affairs in the Conqueror's reign.

3. *St Edward the Confessor.* Three charters of St Edward are transcribed in 'Domesday,' and may be conveniently read in Dugdale.

The First Charter, 28 Dec. 1065, describes the first embassy to Rome, when Leo was pope, the relaxation of the king's vow, and the vision of the hermit Wulsin. It deals mainly with properties; but it also recites the gift of certain relics, and it grants free election of the abbot. The original is in the Hatton Collection (see *Archaeol. Journal* xix 176).

A notarial copy of it, with the omission of some paragraphs as to properties, written in 1313, is preserved at Westminster (Ch. no. XXI).

The Second Charter, 1 Aug. 1045, specially guards against episcopal intrusion. It mentions Robert bishop of London and Wulnoth abbot of Westminster as having been at strife[1]. The original is in the British Museum (Cott. Aug. II 58, somewhat mutilated and without its seal).

The Third Charter, 28 Dec. 1065, continues the story of the First Charter, and tells of the second embassy to Rome, in the time of pope Nicholas. Incidentally it mentions St Peter's consecration of the former church, but it says nothing of Sebert. It deals with the confirmation of privileges, and specially with the right of sanctuary. The original of this, with a broken seal, is preserved (Ch. no. XX): the concluding lines, which contain the date, are written in a browner ink, though apparently by the same hand.

The genuineness of these charters cannot be maintained; but St Edward's seal is somewhat of a mystery. There are other examples of it, attached to short Saxon charters, which deal with special properties and are probably genuine. But the seals attached to the First and Third Charters cannot be accounted for as transferred from other charters. It is possible that the monks possessed the matrix, and used it on such solemn occasions as the remodelling of their short Saxon documents, which were unintelligible to the Normans, into the impressive Latin charters which presented their interpretation of the privileges given them by their founder. On such a hypothesis alone can we mitigate the charge of deliberate forgery.

Into the literary criticism of these documents we cannot fully enter here: but it may be of interest to cite a few sentences from the bull of Paschal II (1099—1118), quoted by Flete, italicising words which appear in the Third Charter of the Confessor.

> *locum* praelibatum *ab omni servitio et dominatione episcopali absolvimus...ut nullus episcopus*, sive Londoniensis seu quicunque aliquis alius, *illuc introeat ordinaturus aut aliquid* sive in maximo sive in minimo *praecepturus, nisi* propria *abbatis ex petitione et monachorum* communi utilitate. *concedimus...permittimus et confirmamus ut* locus ille *regiae constitutionis in perpetuum et consecrationis locus sit atque insignium regalium repositorium* (words italicised are in the letter of pope Nicholas to St Edward quoted in the charter).

[1] Compare the passage from the bull of Paschal II, quoted below.

sit etiam locus ille *liber et ab omni invasione vel inquietudine omnium hominum cujuscunque* sint *ordinis potestatis absolutus* (in body of charter).
ne *ulli omnino personae nisi regi subdatur* (in letter of Nicholas).

It seems that Paschal's bull directed to Henry I has furnished much of the phraseology of the Third Charter of the Confessor; and that in turn supplies part of the phraseology of the great charter of Edgar. It is noteworthy that Paschal says nothing of the sepulture of kings, nor of sanctuary.

4. *K. William the Conqueror.* A 'Telligraphus' and three charters of the Conqueror are transcribed in 'Domesday.' This 'Telligraphus' bears no date; but in the body of the document we read that it was granted at a council held in Westminster at Pentecost. Of this a xiith (possibly xith) century copy exists (Ch. no. XXVI). The charters are called the First, Second and Third respectively. The originals of the First (1067) and Third (1077) are not known.

The First Charter only is quoted by Flete, who gives but a few sentences of it. Most of it is in 'Domesday'; but as ff. 53, 54 are cut out, the end of the First Charter and the chief part of the Second are gone: they may be seen in Faustina A III.

The Second Charter is still preserved (Ch. no. XXVII), and therefore a few remarks may be made upon it here. It is mainly directed against the incursions of the bishop of London and his 'canonici,' and is couched in strong language. In the body of the document the charter is said to have been granted at a council held at Pentecost in Westminster, and it is dated at the close as follows:

Anno dominicae incarnationis. M.lxx^mo^. quinto. etiam adepti imperii praenominati gloriosi regis Willelmi anno. iiii^to^. die predicti festi Pentecostes. xi^mo^. kal Iunii. scripta est haec carta et sigillata, &c.

First, we may note that Pentecost 1070 fell on 25 May, whereas the fourth day of the feast of Pentecost is here made to be 22 May.

Secondly, though it was William's custom to keep Pentecost in state at Westminster, in this particular year he is said to have held a council at Windsor at Pentecost.

Thirdly, it was at this council that he named Lanfranc as archbishop of Canterbury, and Lanfranc only reached England on 15 August 1070, and was consecrated on 29 August. But Lanfranc attests this charter as archbishop of Canterbury 'propria manu.'

A fragment of a seal in a silken bag is still attached to the charter by a cord of twisted yellow silk, which is suspiciously like the yellow silk woven into the pattern of the bag: and the bag is the fellow of that which surrounds the seal of the charter of Henry II (Ch. no. XLIII). Moreover the writing appears to be of the xiith century.

In the transcript in 'Domesday' an effort has apparently been made to get over some of the inconsistencies. The regnal year (v°) has been read continuously with the date A.D., thus giving the year 1075: and for William bishop of London is substituted Hugh, who succeeded him in that year. We thus get rid of the difficulty about Lanfranc; but one of the episcopal signatures which follow is incompatible with that date. If we adopted the year 1073, we should get 19 May for Pentecost, and the difficulties as to the place of the council and as to Lanfranc's signature would disappear; but Leouricus (bishop of Crediton), who signs, is said to have died in 1072.

A note in the margin of 'Domesday' points to the absence of 'the Fourth Charter' of this king. The original of this is in Brit. Mus. (Cotton. Aug. II 54), and bears the date 1 Jan. 1081/2.

5. *K. Henry I.* This is transcribed in 'Domesday,' but the original is lost. Its wording, as can be seen from Flete's quotations, is in part parallel with the First Charter of the Conqueror. Its signatures point to 1107. Its wording is found again, with but necessary changes, in charters of Stephen, Henry II and Richard I.

There still exists a charter of this king (Ch. no. XXXI), the date of which falls between 1114 and 1123. It is much shorter, and undoubtedly genuine. It is strange that it should have been needed, if the above mentioned charter had already been granted.

6. *K. Stephen.* This charter, dated 1138, is transcribed in 'Domesday.' It is long and contains much repetition, owing to the combination of various sources. As Flete has noticed, it has a passage from the Third Charter of the Confessor: indeed it has much more from the same tainted source, and the phrases used in signing are to a great extent identical, the names only being changed. It also has a considerable amount of matter in common with the longer charter of Henry I referred to above.

There is a shorter charter of Stephen, of what has been referred to above as the recognised type of the xiith century. This is now at the Record Office. It was among the muniments of Westminster in the latter part of the xviiith century.

The problem of the authenticity of these royal charters is a difficult one. Their literary criticism can hardly be undertaken while they are still unprinted; and what has here been said must be regarded as tentative only.

The following papal bulls are cited by Flete:

1. John XV (986—999).
2. Nicholas II (1058—1061).
3. Paschal II (1099—1118).
4. Innocent II (1130—1143): two bulls.
5. Innocent III (1198—1216).

The first two are no doubt composed by the writers of the charters of K. Edgar and St Edward respectively, from which Flete quotes them.

Paschal's bull was the earliest of a magnificent series of papal bulls, stored in what was called the *cista prima* of the Abbey muniments, and destroyed in the time of K. Henry VIII. An index of them, including more than 200, was made at the end of the xivth century and still exists (*Munim.* Lib. 12). Fortunately also a great many were transcribed by the writer of 'Domesday.' The first leaf of this book is lost, but there is no doubt that Paschal's bull was the first item in the volume. I have collated Flete's extract with the transcript in Faustina A III f. 157.

Paschal's bull is dated 'Laterani, iv Kal. Julii.' The following passage in it is of interest: 'Unde tam praesentium quam posterorum noverit universitas dilectum filium nostrum Gilbertum, ecclesiae beati Petri Westm. abbatem venerabilem, scriptis nobis significasse de quadam controversia inter Robertum olim praesulem Lundon. et Wlnothum abbatem Westmon. antiquitus orta; videlicet, quod idem praesul quasdam consuetudines, quosdam vero accessus, donationes etiam et obsonia in ecclesia illa, contra *etc.*, studuit usurpare, *etc.*' Abbot Gilbert died in December 1117.

The bull of Innocent II, directed to Henry I, was also on the lost leaf of 'Domesday,' and it has been copied by a later hand on a blank space of what is now f. 1 *b*. Of his second bull, directed to abbot Gervase, the last part still remains at the top of f. 1, and this gives the single sentence which Flete has quoted.

The bull of Innocent III, dated 30 April 1199 and directed to the abbot (William Postard), is found in 'Domesday,' f. 13. It is preceded by two other bulls, dated 24 April of the same year.

These royal and papal charters are followed in c. xii by a decree of cardinal Stephen Langton, dated 1222, confirming the rights of the Abbey as against Eustace bishop of London. There was granted to the latter by way of consolation, and no doubt with a view of preventing the reopening of the question, the manor of Sunbury on Thames, and to his chapter the patronage of the church there—a right which they still exercise to day. The original with all the seals is still preserved (*Munim.* 12,753), and this has been printed in Rymer's *Foedera*: it is transcribed in 'Domesday,' f. 664 *b*. The document has a further interest from its careful description of the bounds of St Margaret's parish.

After a summary of the results of his enquiry up to this point, Flete proceeds in c. xiii to vindicate the customary tithe of salmon caught in the Thames. He quotes a passage from abbot Ware's Consuetudinary (Pt IV c. viii), which is omitted from Sir E. Maunde Thompson's edition on account of its fragmentary condition: what remains of it in the Cottonian MS is copied in the transcript which the editor had previously made for the Dean and Chapter (p. 134).

The Lists of Relics and of Indulgences.

The List of Relics given in c. xiv is of great interest. Flete classifies them under six heads: Relics of the Saviour, the Blessed Virgin, Apostles, Martyrs, Confessors, and Virgins. He names the following as donors:

Kings: Sebert, Offa, Athelstan, Edgar, Ethelred, Canute, St Edward, William the Conqueror, Henry III, Edward I.

Queens: Emma (mother of St Edward), Matilda (bona regina), Alianora, Elizabeth (daughter of Earl Rivers; i.e. Elizabeth Wydville, queen of Edw. IV).

St Thomas of Canterbury.

Abbot Laurence.

Abbot Richard de Berking.

Simon, abbot of Bury: this seems to be Simon de Luton (1257–79).

Petrus de Graecia.

A prior of St Swithun, Winchester.

Thomas, earl of Lancaster.

Among the relics of St Edward, given by himself, the Regalia are enumerated. It will therefore be of interest to print here, for comparison with Flete's list, a document of the fourteenth century, preserved in a mutilated condition on a sheet of paper (*Munim.* Coron. III):

Ad evitandum maius periculum de regalibus ornamentis sancti regis Edwardi, in quibus ab antiquo defectus inveniebantur, qui fuerant ante annum pestilencie generalis, videlicet annum domini MCCCXLIX^{m}, ne posteris imputentur, sic descripta sunt in crastino Reliquiarum anno gracie MCCCLIX^{o} ⌜per visum fratrum J. Redyng, J. Bokenhull, J. Arundel⌝.

In primis ⌜invenerunt⌝ i tunicam purpuream de samit. Item i supertunicam nigri samut brudatam auro per totum, videlicet ymaginibus et aliis diversis operibus, cum i pectorali aurotexto ad modum cathene cum labellis amelatis. Item i armillam veteris operis aurotextam cum scutellis leopardorum et vineis, ac etiam decem nouchis aureis, triphatam et ornatam lapillis, quorum maior in medio, cum iii pendulibus eiusdem secte: in qua armilla deficiunt iii nouchis et in toto viii lapilli debiles, et frangitur i pendule in summitate eius. Item i pallium nigri samit aurotextum per totum ornatum per circuitum aurifragiis [ge]mmatum perillis margaritis et aliis. Item i par cirotecarum cericarum ornatum aurifragiis parvis. Item par caligarum aurotextarum stragulatarum ex transverso. Item i par sotularium antiquorum. Item i pectenem eburneum. Item i coronam auream bonam triphatam et ornatam per totum gemmis et amellis. Item i coclear antique forme. Item i ceptrum aureum ornatum gemmis et perillis margaritis, in quo deficiunt iiii^{or} pendules in summitate de perillis margaritis. Item i virgam calibeam deauratam habentem in summitate floculos ad modum glogelli. Item aliam discoloratis peciis ornatam, habentem in summitate volucrem auream. Item aliam virgam ligneam coopertam tecis a[u]reis habentem in summitate nodum aureum cum volucre desuper aurea, ornatam vii triphuris quorum duo sunt gemmata. Item i ceptrum argenteum deauratum pro regina. ⌜Item i calicem lapideum cum pede et patena aureis.

Item i crucem tectam platis aureis, triphuratam et gemmatam in parte anteriori et in dorso plata argentea amelatam, et vocatam Crux natans inventa quondam in mari a dicto sancto Edwardo; in qua deficiunt iii lapides in pede et i in fine partis sinistre; item pars plate auree in pede ad mensuram unius policis et in fine partis sinistre in dorso i plata argentea ex transverso⌝.

Memorandum quod in coronacione Regis Ricardi Secundi post conquestum, anno [etati]s sue xi^{mo}, circa solempnia que ad coronacionem eiusdem requiruntur multi defectus requiruntur. in primis unus sotularis dexter perditus erat per negligenciam et defectum domini Simonis Burle militis, qui dictum Regem ab ecclesia, scilicet loco coronacionis sue, ad palacium suum contra consuetudinem antiquam humeris suis portavit, Abbate loci reclamante. Ceteri defectus ut in sceptro et in aliis insigniis regalibus manifeste patent ad oculum, que indigent reparacionis.

(*ad finem paginae*) Verte.
(*et in dorso, ut sequitur:*)

Ideo loquendum est dicto Regi Ricardo, cum suam pervenerit ad etatem, ut huiusmodi defectus qui tempore suo contigerunt reparentur.

4, 5 per visum—Arundel] in a contemporary hand, but different ink.
6 invenerunt] above line, different ink.
11 pendulibus] *ut videtur.* 12 penduɫɫ. 22 areis (*sic*).
24—30 Item i calicem—transverso] added in different ink.
31—42 In another hand of about the same date.

The feast of Relics was kept at Westminster on 16 July, as appears from the two Calendars printed in Dr Wickham Legg's edition of Litlyngton's Missal. The date of this list of Regalia is therefore 17 July 1359.

Of the three monks who drew up this list I have given an account of one, John Redyng, in an article on Simon Langham in the *Church Quarterly Review* (July 1908), where extracts from his chronicle will be found. He died in 1368–9. John Bokenhull also appears in connexion with Simon Langham at Avignon: we last hear of him as being at Rome in 1376. John Arundel seems to have been much junior to these: he first appears in 1356–7, and he died in 1360–1, shortly after this list was made.

In lines 10 and 17 we have the adjective 'triphatam,' but in line 23 the substantive triphuris.' The writer who makes the addition ll. 24—30 more correctly uses 'triphuratam,' which occurs frequently ('triffuratus') in the Westminster Inventory of 1388. A similar contrast in language is seen in the 'tecis aureis' of the first writer (l. 22) compared with 'platis aureis' of the second (l. 26). In l. 20 'floculos' appears to be a diminutive of 'floccus,' and 'glogellum' is perhaps a diminutive of 'gloga' or 'cloca' (*cloche*), meaning a little bell—so that we may call them 'bell-shaped tufts.'

Other lists of the Regalia may be seen in the edition of Litlyngton's Missal vol. III, pp. 1521 f.: one in Latin of the year 1207, another in French dated 28 Nov. 1356: but they do not enter into detail so much as this. See also the Inventory 'with an appraisement' made in 1649, printed by our sacrist, the Reverend Jocelyn Perkins, in *The Coronation Book* (Isbister, 1902) pp. 10 ff.

With the remarkable Memorandum as to King Richard's shoe must be compared the following passage from the Westminster chronicler who continues Higden's *Polychronicon* from 1381—1394 (Rolls Series: VIII 222)[1]:

[10 Mar. 1390.] Item x° die Martii misit rex Westmonasterium unum par sotularium de rubeo velvetto gemmis margaritis ad modum florum deliciarum confectum, a papa Urbano VI° parum ante ejus obitum benedictum, ad reponendum ibidem cum aliis ornamentis regalibus ad regis coronationem spectantibus in praefato monasterio custoditis. Constat namque quod rex statim post coronationem suam domum revestiarii intraret, ubi sua regalia deponeret et alia indumenta sibi per suos cubicularios adaptata assumeret, et abhinc via proximiori in palatium suum rediret. Sed e contra fuit factum in coronatione istius regis, et male: nam

[1] See 'An Unrecognised Westminster Chronicler,' in Proceedings of British Academy, vol. III.

quidam miles vocatus dominus Simon Burlee, peracta coronatione, assumpsit regem suis regalibus sic vestitum inter sua brachia, per portam regiam palatium ingrediens; turbis hinc inde occurrentibus et illum prementibus in eundo unum de sotularibus regalibus benedictis per incuriam ibidem amisit. Igitur nostrates caveant in posterum ne ullatenus permittant regem cum insigniis regalibus amplius extra ecclesiam exire; sed ut moris est completa coronatione divertat in domum revestiarii, ut praedicitur, et ibi sua regalia ornamenta honeste deponat.

Compare also Adam of Usk's Chronicle: 'In coronacione istius domini tria regalitatis insignia tria sibi infortunia portentabant: primo, in processione unum de coronacionis sotularibus perdidit,' &c.: ed. E. M. Thompson, 1904, p. 42; and for a further reference see his note on p. 202, 'prophecia militis Francie ad ejus coronacionem existentis, ubi vidit regis sotularem ad terram cadentem' (from MSS in Brit. Mus.).

The Indulgences granted to the church of Westminster by popes and other ecclesiastics are exceedingly dull reading to-day, as they are presented in Flete's catalogue in c. xv. But the documents themselves, as they may be read under the heading of the Sacrist's records in 'Domesday,' contain much that is of interest. The general subject has been dealt with at some length in the third volume of Dr H. C. Lea's *Auricular Confession*. The earliest indulgence which he unhesitatingly accepts as genuine was granted in 1096 at the dedication of the church of St Nicholas at Angers by pope Urban II: it gave relaxation of one month of enjoined penance for the anniversary (Lea, III 141). Then in 1132 Innocent II, dedicating the monastery of Cluny, granted 40 days for the anniversary (*ib.* 145). In 1145 Eugenius III granted 7 days to Pistoja, which had received a joint of the neck of St James from Compostella: and in 1163 Alexander III, dedicating St Germain des Prés, granted a year on the actual occasion, and afterwards 20 days for the anniversary. These early grants seem very meagre when compared with the lavish indulgences of later times.

We have an indulgence which would take the second place in Dr Lea's list, and it is marked by the sobriety of the period. It was granted to abbot Herebert in 1121 by Peter de Cluny, the legate of pope Callixtus II, who received a scant welcome from K. Henry I, and is said to have exercised no legatine authority at all. He relaxed 40 days of *criminalia* and a third of enjoined penance for *minora* to those who visited the church 'in martyrio Petri et Pauli apostolorum.'

Our earliest indulgence from a pope is that of Innocent IV (1243–54), which grants a year and forty days for the festival of St Edward. This indulgence, though he would not deny its genuineness, caused Dr Lea some misgiving. For in Rymer's *Foedera* (I 150) it is placed under the year 1208, as if it issued from Innocent III, and the amount seemed unusual for that period. But, as a matter of fact, the pope was Innocent IV, and the date accordingly is 1254. For (1) the Index to our papal bulls (*Munim.* Bk 12) notes it as under that pope; and (2) in the same volume of the *Foedera* there is printed on pp. 517 f. a bull of Innocent IV to K. Henry III, which bears exactly the same date: 'Dat. Assisii, 2 Kal. Junii, pontificatus nostri a° XI.'

The Lives of the Abbots.

The critical discussion of the last section of Flete's work cannot be attempted now. For it would involve an investigation of the history of the Abbey during a period of more than 300 years. Indeed, it is as a preliminary contribution to such an enquiry that Flete's work is for the first time printed here. Widmore has already quarrelled with the dates assigned to some of the early abbots. We do not know what source Flete drew upon, and his statements must be checked by facts to be elicited from contemporary charters. One or two points of interest, however, may conveniently be dealt with here.

In the south walk of the cloister, under the stone seats against the refectory wall, are three time-worn effigies of Norman abbots. Their names have been variously assigned, but with Flete's aid we can identify them with practical certainty as representing Laurence, Gislebert and William de Humez.

Flete records the burial of eight abbots in the south cloister.

Vitalis († 1082)[1]: 'under a small white marble stone at the foot of abbot Gervase.' A fair carpet and two candles were placed on his grave each year on his anniversary: it seems therefore that he had no effigy.

Gislebert († 1114): 'at the foot of abbot Vitalis in a marble tomb with an image of him above.'

Herebert († 1140): 'in plano pavimento ante secundum scamnum a symbalo versus hostium refectorii a parte orientali claustri.' This seems to mean, 'in front of the second bench from the cymbal, as you go from the east cloister towards the refectory door.'

[1] I give Flete's date for the abbot's death in each case.

Gervase († 1160): under a small black marble stone at the foot of abbot William de Humez.'

Laurence († 1176): 'under a marble stone with an image of him above at the foot of abbot Gislebert.'

Walter († 1191): 'in plano pavimento ante scamnum primum a symbalo.'

William Postard († 1201): 'ante cymbalum.'

[Ralph Papillon had been deposed, and was buried in the nave.]

William de Humez († 1222): 'at the head of abbot Gervase, in a marble tomb with an image of him above in pontificals.'

Flete speaks of three only of these abbots as being commemorated by effigies—Gislebert, Laurence and Humez. It is possible to trace the remnants of a mitre on two of the figures even now: Dart figured them as mitred two centuries ago (II, opposite p. 12). Flete tells us that Laurence was the first abbot to obtain from the pope 'the privilege of mitre and ring.'

The central figure of the three, then, which has a staff but no mitre, is abbot Gislebert—the famous Gilbert Crispin, who was a favourite pupil of Anselm at Bec.

At the foot of Gislebert, was Laurence: so that his effigy must be identified with the easternmost of the three.

But at the head of Gislebert was Vitalis, and to him has been mistakenly assigned the westernmost effigy: Flete's description, however, makes this impossible.

At the head of Vitalis was Gervase, 'under a small black stone.' Curiously enough, in spite of this statement, the name of Gervase has been cut in modern times on the largest stone in the cloister, 'Long Meg' as it has for some centuries been called—a stone which is also, for some unfathomable reason, supposed to cover the twenty-six monks who perished in the Black Death of 1349.

At the head of Gervase was William de Humez, with his effigy in pontificals. The effigy doubtless remains; but it has been moved to its present position at the head of Gislebert.

Dart shews the three effigies[1] as in front of the stone bench (plan preceding I 71): shortly after his time, in 1752, they were set under the bench as at present (Neale and Brayley, II 294).

[1] He calls the third Vitalis: but in II p. xi he admits that he was misled by others, and that it really represents W. de Humez.

This then was the original order, beginning from the east:

Laurence.
Gilbert.
Vitalis.
Gervase.
W. de Humez.

The positions of the other three are not described with reference to these, but with reference to the cymbal, which sounded for meals in the refectory; and we do not know exactly where that was placed.

W. Postard (before the cymbal).
Walter.
Herebert.

It is possible that W. Postard was at the head of W. de Humez: but he may have been on the other side of the walk next the cloister garth.

Flete tells us that abbot Richard de Berkyng († 1246[1]) among his various benefactions to the church left two curtains or dossals of the choir, which contained the story of the Saviour and of St Edward: 'duas Cortinas sive Dorsalia chori, de historia dn̄i Salvatoris et beati regis Edwardi, sumptibus propriis et expensis fieri procuravit, ac eidem ecclesiae dedit et reliquit.'

Dr M. R. James has found in a manuscript at Gonville and Caius College, Cambridge, in a volume of Robert Hare's Miscellaneous Antiquarian Collections (MS 391 [611] pp. 130 ff.), the following account of the inscriptions on these tapestries, which he has kindly copied for me.

Westminster. *On yᵉ South syde of yᵉ Quier yᵉ history of Christ in faire arras worke.*

(1) *The Angell Gabriell saluteth our blessed Lady.*

Virgo salutatur verboque dei gratulatur;
Nec gravat intactum gremium verbum caro factum.
Virgo parens humilis, quae chara deo, sibi vilis,
Anguem calcavit quem prima superbia stravit.

(2) *Christ borne betwixt an oxe and an asse.*

Hic plausus plorat, sitit unda, quiesque laborat,
Et via lassatur, et virtus debilitatur,
Luget laetitia, quasi stulta fit[2] ipsa sophia,
Dum vagit Ihesus, flet risus et esurit esus.

[1] The pulling down of the Norman choir had begun on 6 July 1245.
[2] MS sit.

Virgo parit puerum, lumen de lumine verum;
Est vox coelestis, lux coelica stellaque testis.

(3) *The three kings comming with their gifts to adore Christ.*

Stella magis lucens, et eos radio duce ducens,
Clara prius latitat et Herodis limina vitat:
Arra novae fidei sunt reges ecce Sabaei;
Primitiant gentes dominum te, Christe, fatentes.

(4) *The three kings offer their gifts.*

Tres trinum munus dant, et tria dat simul unus:
Sic offertur idem domino qui trinus et idem.
Offert thesaurum fidei peccator ut aurum;
Thus reddit gratum, dum tergit myrrha reatum.

(5) *The Innocents slaine by commandm^t of King Herod.*

Hic vitam donat mors, et cruor ipse coronat;
Cumque cruentantur moriendo vivificantur.
Hinc matrum planctus et clamor in ethere tantus:
Planctus moerorem notat ecclesiaeque dolorem.

(6) *Our Lady w^h hire child flee into Egypt.*

Sponte fugis, Christe, nec Herodis das gladiis te,
Qui non fugisti crucifigi cum voluisti.
Res docet hic clausa te, pastor: si tibi causa
Sit personalis, fuge; sta; si sit generalis.

(7) *Christ circumcised* (sic) *by Symeon.*

Offert flos florem, figulum vas, vitis odorem;
Virgo dei prolem, pars totum, stellaque solem.
Turturis in morem servat mens casta pudorem,
Utque columba gemit sua qui gemitu mala demit.

(8) *Christ disputeth w^h ye doctors in ye temple.*

Instruit antiquos puer et castigat iniquos:
Gratia se iunxit verbo quod spiritus unxit.
Numquid nescitis, qui tristes taliter itis,
Patris in obsequio quod sedulus assecla fio?

(9)[1] *Christ making his feast with two fishes & five loaues of bread.*

Cum sub carne subit hominem deus et caro nubit;
Sicque fit ecclesiae sponsus sub carne Mariae.
Panibus in quinis, cui servit machina trina,
Piscibus et binis satiavit millia quina.

(10) *Christ baptysed by St John in ye ryver Jordan.*

Christus fecundas Jordanis consecrat undas
Corporis attactu quas sanctificavit in actu:
Vis generativa lavacro datur, ut rediviva
Fiat in hoc anima, quam mors detraxit ad ima.

[1] 9 should follow 10.

(11) *Christ rayseth Lazarus out of his graue.*

Lazarus egreditur de tumba qua sepelitur;
Quem vocat a morte Christus migrante cohorte.
Qui culpa premeris, ut Lazarus egredieris,
Si modo delinquas et post peccata relinquas.

(12) *Christ ryding upon the asse.*

Cantica plena melis puerorum turba fidelis
Decantat Christo, titulo quod claret in isto:
Quisquis habes flores morum meritisque reflores,
Si Christum queris, his floribus hunc venereris.

(13) *Christ washeth ye feet of his disciples.*

En lavat ipse pedes cui servit coelica sedes:
Sic fit servorum servus dominus dominorum.
Cum deus est humilis, homo, cur non est tibi vilis
Gloria mundana? nihil est nisi visio vana.

(14) *Christ maketh his last Maundy.*

Panis mutatur in carnem: sic operatur
Christus per verbum, sub pane latens caro verbum.
Proditur insanis, non est sanus nisi sanis;
Panis coelestis mors est non vita scelestis.

(15) *Christ betraied by Judas and deliuered to ye Jewes.*

Ecce scelus magnum, servus dominum, lupus agnum
Fallit et invadit, quem falsa per oscula tradit.
Qui fratres odis, quos falsa per oscula prodis,
Tu Judam sequeris, et Judas alter haberis.

(16) *Judas hangeth himselfe in desperation.*

Est indigna bonis semper nota proditionis:
Hoc docet astrictus laqueo Judas maledictus.
Sese suspendit quem culpa gravis reprehendit:
Sic ad idem tendit qui insontem munere vendit.

(17) *Christ bound and whipped at a pillar.*

Vincitur Ihesus, nec vincitur undique laesus:
Arctius arctatur, et qui ligat ipse ligatur.
Si iustum reiicis, si detrahis aut maledicis,
Ictibus impellis Jesum lacerasque flagellis.

(18) *Christ nayled on ye Crosse.*

Morti vita datur per quem mors mortificatur:
Lancea cum clavis et crux sunt coelica clavis.
Stigmata tolle crucis, homo, si vis gaudia lucis
Hac duce mercari, poteris cruce me comitari.

(19) *The 3 Maries comming to xps tombe.*

Pro miseris anima Christi descendit ad ima;
Qui dum surrexit animam cum carne revexit.
Qui peccat moritur, nisi poeniteat sepelitur;
Sed surgit vere qui scit sua crimina flere.

(20) *Christ ascendeth into Heaven.*

Christus iter pandit nobis dum sydera scandit,
Dans spem scandendi si subsit causa merendi.
Est pietas ala, pietatis opus quasi scala,
Scandere qua poteris qui coelica praemia quaeris.

(21) *The comming of the holy-ghost.*

Discipulis digne dimittitur almus in igne
Spiritus: ardentes facit ignis lingua loquentes:
Pneumate decoctos facit unctio coelica doctos;
Et sic purgatos sibi reddit gratia gratos.

(22) *Our blessed Lady chaungeth hir life.*

Naturae iura solvit virgo moritura,
Quam flos de Jesse verum deducit ad esse.
Virgo parens facta nulla putredine tacta
Cum sit tristata laetatur glorificata.

(23) *Our blessed Lady crowned Queene of heaven.*

In cruce compassa, lachrimarum flumine lassa,
Mater honoratur cui tanta corona paratur.
Tu qui compateris sic compatiendo mereris
Gaudia post luctum, post carnis funera fructum.

(24) *The Abbot Richard praieth to our Lady.*

Spes animae miserae, tu, virgo, mei miserere;
Et supplex ora pro supplice mortis in hora.

(25) *Our Lady prayer to Christ for ye Abbott Richard.*

Naturae geminae deus ac homo, rex sine fine,
Sis pius huic humili, rogo te tua filia fili.

(26) *Christ answereth our Lady his Mother.*

Ut mihi sit gratus, doleat delendo reatus:
Et sic salvus erit veniam per te qui requirit.
Ricardus abbas fecit me.

Westm. *On ye North syde of ye Quire the story of St Edward ye King and Confessor.*

(1) *King Edildred lying on his death bed.*

Anglia cur moeres? dabitur tibi rector et haeres,
Qui ius dictabit regnique decus renovabit.

(2) *Queene Emma lying in Child bed.*

Est puer electus ventris velamine tectus:
Voce communi successio convenit uni.

(3) *Queene Emma bringeth forth a sonne.*

Emma parit regem cuius tenet Anglia legem:
Anglia laetatur dum tali prole beatur.

(4) *King Edward ye Confessor crowned King of England.*

Rex insignitur sceptro, regnoque potitur;
Cumque coronatur successio vera probatur.

(5) *King Edward commandeth Justice to be ministred to all sortes.*

Demonis et mundi suggestu rapta refundi[1]
Rex iubet, et cuique sua reddi restituique.

(6) *King Edward espieth a theife robbing his casket and concealeth it for pitty.*

Ecce minus parca furis manus exit ab arca:
Celat opus furis pietas, non regula iuris.

(7) *King Edward kneeling at Masse seeth in ye sacrament how the King of Denmarke is drowned in ye sea.*

Anglia iam plaudit rex regem[2] dum mare claudit
Dacum quem mersum cernit populumque reversum.

(8) *King Edward declareth his vision of ye King of Denmarkes drowning.*

Mergitur in pelago rex Dacus, ut eius imago
Signat, eumque vorat mare dum rex Anglicus orat.

(9) *King Edward cureth a lame man by carrying him on his backe.*

Rex fert contractum, qui, dum pietatis ad actum
Se substernit equum, contractum reddidit aequum.

(10) *The Earle Godwine sitting at dinner w^t ye king is choaked with a piece of bread.*

Ob meritum sceleris mortem, Godwine, mereris.
Offa palam dicit quod te modo fraus tua vicit.

(11) *King Edward kneeling at masse seeth Christ in ye sacram^t in forme of a child.*

In specie pueri te regi, Christe, videri
Concedis, testis signis Leofricus adest is.

(12) *King Edward hath a vision of ye 7 sleepers.*

Graecia quod celat tibi, rex Edwarde, revelat
Gratia, dans notum dormitantum tibi motum.

(13) *The turning of ye 7 sleepers in monte Coelio from one syde to another is revealed to King Edward in a vision.*

Hii mutant latera: laterum mutatio vera
Signat quod laevum dirum notat omen et aevum.

(14) *King Edward meeteth w^t St John ye Evangelist in likenes of a poore man and giveth him his ring.*

Vilibus in pannis mendicat imago Johannis:
Rex dat ei munus: donum fuit annulus unus.

[1] Corr. from profundi. [2] MS regum.

(15) *Diverse blind men restored to sight by ye water wherin King Edward washed his hands.*

Munda manus mundam per tactum reddidit undam,
Et liquor infusus dat coecis luminis usus.

(16) *A poore man bringeth to St Edward ye ring yt he gave to St John ye Evangelist, and warneth him of ye hower of his death.*

Annulus iste datus mittente Johanne relatus
Regi scire moram vitae dat, mortis et horam.

(17) *King Edward departeth this life.*

Rex virgo transit, caro virginis integra mansit;
Et manet, a mundo quia transit corpore mundo.

(18) *Bisshop Wulstane resigneth his pastorall staffe at ye tombe of St Edward where it sticketh fast in ye marble stone.*

Marmore clausa caro docet haec examine claro
Pontificem dignum, retinens in marmore lignum.

(19) *Bisshop Wulstane looseneth ye pastorall staffe yt stooke vpon ye tombe of St Edward.*

Regis censura baculum laxat petra dura;
Absolvit iuste, Wulstane, tuum quia ius te.

(20) *St Peter consecrateth ye Church of Westminster.*

Hanc regum sedem sibi Petrus consecrat aedem,
Quam tu, papa, regis, insignit et unctio regis.

(21) *King Edward speaking to ye Abbott Richard*[1].

Cum grege tam prono tibi patri sive patrono
Praesenti dono me praesentans tibi dono.

(22) *The ffounders names of Westminster were theis. King Edgare King Edward and ye Archbisshop Dunstane.*

Hii fundatores dantes et opes et honores
Regibus exemplum fundarunt hoc ita templum.

[Of the second set nos. 9, 14, 15, 20 are quoted by Dart.]

This Tapestry remained in Weever's days; for in his *Ancient Funerall Monuments* (1631) he says:

p. 451. ...of which [*sc.* the coronation and unction of our kings] two riming Hexameters are wrought in the cloth of Arras, which adorne the Quire.

Hanc Regum sedem sibi Petrus consecrat Edem;
Quam tu Papa regis, insignit et unctio Regis.

p. 483. This passage of the aforesaid pilfery is delineated, and wrought in the Hangings about the Quire, with the Portraitures of the king, Hugolin, and the Theefe: under which are these verses.

Ecce nimis parca furis manus exit ab archa;
Celat opus furis, pietas, non regula iuris.
Tolle quod habes et fuge.

[1] It should be: *The Abbott Richard speaking to K. Edward.*

With regard to their ultimate fate Brayley writes as follows (Neale and Brayley *Westminster Abbey* II 273):

Dugdale, in his "History of the Civil Wars," when speaking of the Parliament, under the date 'January 4, 1644,' has the following passage: "To glorify their doings the more, they adorned their House of Commons with that whole suit of Hangings which were placed in the Quire of the Collegiate Church at Westminster, and some other taken out of the King's Wardrobe."

Whether they were ever restored to the Church, does not appear; but it is most probable that they never were, it being evident from Sandford's Prints of the 'Coronation of James the Second and Queen Mary,' that the subjects of the Tapestry, which then ornamented the Choir, were altogether different from those described above. On one piece, in particular, the Circumcision was represented; a large remnant of which is still preserved in the Jerusalem Chamber, in the Deanery.

The Manuscript Tradition of Flete's Work.

The most important manuscript (W) is that which is preserved in the Library of the Dean and Chapter. Of this there are two copies: one at Corpus Christi College, made for archbishop Parker; the other at Lambeth, made by Wharton: the former of these is, as we shall see, of some interest on account of its prefatory matter. The Westminster MS, which necessarily forms the basis of this edition, is a small vellum quarto of 58 leaves, written in the latter part of the fifteenth century. It contains a good many blunders, and in at least two places has omitted a complete line of its original.

That original is represented by a fragment (D) preserved in the Library of Trinity College, Dublin. I am indebted to the authorities of the College and to the kind mediation of the Dean of St Patrick's for the opportunity of examining it side by side with the MS at Westminster. It is numbered 548 (or E II 32), and consists of two gatherings of 8 *folia* each, being the first and fourth of a book which was probably made up of seven gatherings. It is on paper, and the leaves measure 10 in. × 7 in. At the bottom of f. 1 is the name William Howard. This, so far as it goes, is the earliest known authority for the text, and it may come from John Flete himself. That the Westminster MS is copied from this is evident, among other reasons, from its omission, near the end of c. xvi, of the words 'septem abbates successive presidentes huic sancto loco ante,' which occupy a complete line in the Dublin fragment.

Large extracts from a MS of Flete, independent of the Westminster MS, are contained in Claud. A viii, a Cottonian manuscript in the British Museum. The first of these extracts, which begins immediately after

Flete's Preface, consists of c. I—XV, and is printed in part (cc. I—VI) under the name of Richard Sporley in Dugdale's *Monasticon.*

Claud. A viii is a composite volume, partly on vellum and partly on paper.

It begins with a Chronicle of K. Henry V in English, ff. 1—12 (vellum): ff. 13—15 are blank (paper): then we have, still on paper,

f. 16. Pro fundatione huius Abbatie Westm. et dedicatione eiusdem ac antiquitate patet evidenter ex vetustissimo cronicarum libro veteri Anglorum sive Saxonum lingua conscripto. Ca. I.

[A] Primitiuo tempore (and so forth as in Flete c. I).

Above this at the top of the page a ruder hand has subsequently written:

Sequitur extraccio et compilacio tocius operis sequentis per fratrem Ricardum quondam monachum ecclesie Westm. anno domini MCCCCL°.

And beneath this, but above the main text, a hand of cent. xvi or xvii has written:

Ricardus Sporley Monachus Westministerii Author a°. 1450.

The first hand, a neat one, continues to f. 33 *b* (the end of the chapter on Indulgences).

f. 34. Another, less neat hand, begins.

At the top of the page, and half erased: Per fratrem Ricardum Sporley monachum Westm.

Then follows: Compilacio brevis collecta ex vetustissimis munimentis librorum de abbatibus, prepositis vel prioribus huius ecclesie Westm. a tempore sancti Gregorii pape et Seberti regis Essexie et Midilsexie huius ecclesie fundatoris, usque ad tempus sancti Wulsini abbatis et sancti Dunstani tunc London. episcopi, postea Cant. archiepiscopi, huius ecclesie precipui in religione renovatoris.

Orbrithus primus abbas istius ecclesie Westm. in tempore sancti Gregorii, &c.

Then follows a list of abbots, provosts or priors, including the seven whom Flete names; but adding others, and giving dates where Flete had confessed to ignorance. The last of the list (f. 35 *b*) is Alfricus. These four pages of entirely worthless matter form the whole contribution of Richard Sporley to the history of Westminster.

f. 36. Sequitur compilatio de omnibus abbatibus huius ecclesie Westm. succedentibus predictum abbatem Alfricum, excerpta de quodam laudabili opere fratris Johannis Flete nuper prioris ecclesie predicte, cuius anime propicietur deus. Amen.

Sanctus Wulsinus nacione Anglicus (&c. as in Flete, to the end of abbot Litlyngton's life).

f. 64 *b*. In another hand, an account of abbot Esteney by John Felix monk.

A poem on Esteney is included (printed by Widmore); and at the end (f. 65) is written: Oro orate pro me Jhone Felix huius sancti cenobii Westm. monacho.

f. 66 is on vellum. It contains the names of abbots in a xvth cent. hand, going down to Litlyngton: the names from Colchester to Norwich are added later.

On the verso a late hand has written a table of contents beginning:

Author Sulcardus. 1. Constructio monasterii Westm.

f. 69. Names of Deans and Prebendaries from 1560 down to 1620 (paper).

The rest of the book is a collection of documents none of which relate to Westminster.

Sporley's extracts, comprising as they do the chief part of Flete's book, are frequently of value in controlling the text of the Westminster MS, when other evidence is lacking.

The Corpus Christi copy of Flete (no. 287) contains some interesting pages at the beginning, which may perhaps throw light on the history of the Westminster MS.

f. 3 is an inserted leaf of vellum, which bears the marks of having been folded in four. It is closely written on both sides, and contains:

1. A Letter of Dedication from 'Michael Reniger' to archbp Parker, dated 'Lambethi 25° Octo.'

The following sentence occurs in this letter: 'Serius tamen quam pro opinione mea venit hic liber in manus meas. Erat enim in arca quadam libraria longe a me dissita inter alios domini Hugonis Latimer libros retrusus.'

2. A Preface as to the value of John Flete's work: dated as before.

ff. 4—5 *b* contain the same Letter and Preface written out in another and a neater hand, and signed in each case with the initials only, 'M. R.'

Then follows:

xix° Junii A° 1572.

Hic liber transcriptus ex veteri quodam libro scripto de fundatione Ecclesiae Westmonasteriensis; qui liber iam remanet in custodia D. Goodman Decani ejusdem Ecclesiae.

Michael Renniger (or Rhanger) was born in Hampshire in 1530, and died in 1609. At the date in question he was prebendary of Winchester and chancellor of Lincoln. It looks as though he had intended to bring out an edition of Flete.

An entry in the Treasurer's accounts for 1572 runs as follows:

To M[r] Carkett in Reward for Writing an old Cronycle of Westm[r], x[s].

We may suppose then that the MS now at Westminster once was in the possession of bishop Hugh Latimer; that it was discovered amongst his books and brought to dean Goodman; and (though this is more conjectural) that out of compliment to archbishop Parker the Abbey paid for its transcription by Mr Carkett, an unknown scribe who wrote a villainous hand.

Of the three lists of MSS in the Chapter Library before the fire, only the third makes a mention of Flete. Was this the existing MS, and if so how did it escape? Or was it perhaps the copy made by Mr Carkett and paid for by the Dean and Chapter? To these questions there does not appear to be any answer now.

The task of the editor of Flete is seriously complicated by the number of documents which he quotes *verbatim*. I have done what I could to discover and collate these; but occasionally I have allowed Flete's variation from his original to stand in the text. I have not attempted to record all variants: but sometimes I have given them in considerable fulness, in order to illustrate textual relations or the change in the spelling of place-names.

THE HISTORY OF WESTMINSTER ABBEY
BY JOHN FLETE.

PREFACE.

INCIPIT proemium libri breviter compilati de fundatione etc. ecclesiae Westmonasteriensis, prout in chronicis et scriptis authenticis invenitur.

Churchmen need to know the evidences of their rights and endowments.

The foundation and privileges of Westminster, from A.D. 184 to A.D. 1443, to be recorded by brother John Flete, from chronicles and original documents.

Quoniam utile est et honestum ac rationi consonum quod viri ecclesiastici et praecipue religiosi suorum locorum sive ecclesiarum privilegia dotationesque cognoscerent, unde vitae necessaria recipere se gauderent, ut Christo quietius valeant famulari et pro fundatoribus devotius exorare; hinc est quod quorundam fratrum rogatu hujus sancti loci, videlicet Westmonasterii (dudum Apollinis templum, quod postea caelestis claviger, Petrus videlicet apostolus, in spiritu deo et suo nomini cum supernorum civium multitudine dedicavit), fundationem, dedicationem, antiquitatem, dignitatem ac libertatem, exemptionem, jurisdictionem quoque ac ordinariam potestatem ejusdem, a tempore Lucii, primi regis Britonum Christiani, anno ab incarnatione domini clxxxiv°, usque ad tempora regis Henrici sexti, anno domini millesimo ccccxliii° et ejusdem regis Henrici anno xxii°, ego frater Johannes Flete, praedicti monasterii sacerdos et professus, praesenti opusculo ex diversis chronicis approbatis scriptisque authenticis, chartis regum summorumque pontificum bullis compilato, fratrum petitionibus intendens satisfacere, breviter declarabo: sub quibus etiam pastoribus sive abbatibus grex monasticus in agro dominico continue laborans fuerat educatus, reformatus et gubernatus pariter intimabo.

1 Dublin fragment (D) begins: goes on to p. 47, l. 33.
7 gauderet W.

Evidences of foundation and consecration;

Pro fundatione namque, dedicatione ac antiquitate patet evidenter ex vetustissimo chronicarum libro, veteri Anglorum sive Saxonum lingua conscripto. item in alia vetusta chronica quae sic incipit: Tempore quo rex Ethelbertus etc. item ex vita sancti Melliti Londoniensis episcopi. item ex chronica Sulcardi monachi Westmonasteriensis. item ex quadam chronica quae Liber Regius appellatur. item ex chronica Ranulphi Cestrensis monachi.

of dignity and freedom;

Pro dignitate etiam ac libertate patet evidenter ex bullis summorum pontificum sanctae Romanae ecclesiae praesidentium, videlicet Innocentii et aliorum. item ex charta et vita sancti Dunstani Cantuariensis archiepiscopi aliorumque pontificum Angliae. item ex chartis et telligraphis regum Anglorum, videlicet Offae et Kenulphi, Edgari, Ethelredi, sancti Edwardi (in praedicto loco honorifice ac decenter humati), Willelmi primi conquestoris, ac heredum ejusdem regum Angliae legitime succedentium usque ad tempora serenissimi principis ac regis Angliae Henrici sexti, anno supradicto.

of exemption and jurisdiction.

Pro exemptione autem, jurisdictione sive ordinaria potestate ejusdem loci, luculenter claret ex bullis Gregorii papae tertii ac Innocentii tertii. item ex charta sancti Dunstani. item ex sententia lata per venerabilem in Christo patrem dominum Stephanum Cantuariensem archiepiscopum et sanctae Romanae ecclesiae cardinalem. item ex eo quod abbas ut ordinarius clericos convictos coram justiciariis regis infra palatium ejusdem vendicat et habet, et suae custodiae mancipatos liberat juxta canonica instituta. item ex eo quod abbas ejusdem loci in capite quadragesimae paenitentes a liminibus ecclesiae eicit, et in cena domini more ecclesiastico reconciliat, ut patet libro consuetudinario.

I. From an old Saxon chronicle.

Capitulum primum. De fundatione et dedicatione ecclesiae Westmonasteriensis, ut habetur in quodam libro vetustissimo chronicarum, veteri Anglorum sive Saxonum lingua conscripto.

Foundation by K. Lucius, A.D. 184.

A primitivo tempore Christianae fidei inter Britones habitae, hoc est a diebus Lucii regis eorundem, qui primus in hoc regno, id est sub anno gratiae clxxxiv°, legem divinam simul et sanctae regenerationis lavacrum legitur suscepisse, iste locus ad honorem dei fundatus et consecratus fuerat, atque ad regiam sepulturam regaliumque repositorium specialiter erat deputatus. qui quidem locus in eadem per multa regum tempora permansit dignitate, quousque saeviente per totam Britanniam gravissima Diocletiani imperatoris persecutione dejectum est inter caetera hoc ipsum Christianorum habitaculum, ac deinde juxta morem ritumque gentilium in profanum Apollinis templum sacrilega potestate commutatum. sicque factum est ut, ubi prius in sua deus colebatur ecclesia, ibidem postea fierent idolorum sacrificia, et ablata memoria Christianorum fidelium caput efficeretur immolationis regum paganorum. evolutis itaque sub hac tempestate non paucis annorum curriculis, sed et multo postea tempore, languescente demum Britannorum fide et justitia, convenit per vices in diversas Britanniae partes incredulae gentis Anglorum et Saxonum multitudo copiosa; qui tandem totius insulae nacti dominium secundum patrias leges in cunctis regni provinciis aras et fana diis suis erigunt, et ecclesias Christi subvertunt, Christianos eiciunt et paganismi cultum in omnes fines terrae suae dilatant. rediit itaque veteris abominationis ubique sententia; a sua Britones expelluntur patria; immolat Dianae Londonia, thurificat Apollini suburbana Thorneia, et vanis erroribus circumquaque seducta regio paganizat universa.

The church degraded into a temple of Apollo.

Fuerat autem ipsa Thorneia insula Thamensi fluvio circumdata, ab occidente civitatis posita, quae nunc plaga Westmonasterii est appellata. Anglorum denique populo tenebris ignorantiae diutius excaecato illuxit sol justitiae dominus oriens ex alto. nempe sub anno gratiae sexcentesimo quarto beatus papa Gregorius misit in Britanniam servum dei Augustinum monachum, una cum aliis ejusdem religionis viris clarissimis, Mellito scilicet et Justo atque Laurentio reliquisque multis. quibus orientalem regni plagam, id est Kantiam, ingressis et verbum salutis aeternae ibidem praedicantibus, rex ipse nomine Ethelbertus gratia sancti spiritus illustratus cum populo sibi subdito, relicto mox gentilitatis errore, sacrae fidei doctrinam simul et baptismi gratiam consecutus est salutarem. deinde rex Orientalium Saxonum Sebertus, dicti regis Ethelberti ex sorore nepos, similiter accepto sanctae regenerationis lavacro dejecit funditus Apollinis templum prope Londoniam in Thornensi insula, ut dictum est, situatum, et ecclesiam ibidem in honore beati Petri apostolorum principis devote fundavit et construxit, quam postea idem caelestis claviger in spiritu cum supernorum civium comitatu deo et sibi consecravit.

Christianity revived by Augustine.

A.D. 604.

A new church built by K. Sebert,

and consecrated by St Peter in the spirit.

II. [From Ailred's Life of St Edward (Twysden, col. 385)].

Capitulum secundum. Ejusdem fundationis et dedicationis, ut in alia chronica vetusta invenitur.

Tempore quo rex Ethelbertus, qui regnavit in Kantia, praedicante beato Augustino fidei sacramenta susceperat, nepos quoque ejus Sebertus, qui Orientalibus Saxonibus praefuit, fidem beato Mellito praedicante suscepit. igitur in Londonia civitate rex Cantuariorum Ethelbertus intra muros ecclesiam in honore beati Pauli construens episcopali eam sede voluit esse sublimem: cui sanctus Mellitus, quem beatus papa Gregorius cum pluribus aliis in adjutorium miserat Augustino, merito simul et honore pontificali primus omnium praefuit. Sebertus autem rex Essexiae, beato Petro devotus, in occidentali parte ejusdem civitatis extra muros in honore beati Petri monasterium insigne fundavit, multis illud donariis ornans et ditans possessionibus.

K. Sebert builds a monastery to St Peter.

The apostle comes to consecrate the church.

Venerat autem tempus quo ecclesia in eo fuerat dedicanda; paratisque omnibus pro loco, pro tempore, pro monasterii dignitate, agente etiam ea nocte in tentoriis episcopo, dies crastina praestolabatur. magna plebis expectatio, quae adhuc rudis in fide his solemniis interesse non solum pro devotione sed etiam pro admiratione gaudebat. eadem nocte piscatori cuidam in Thamensis fluvii, qui eidem monasterio subterfluit, ulteriori ripa in habitu peregrino beatus Petrus apparens promissa mercede transponi se ab eodem et petiit et promeruit. egressus autem e navicula ecclesiam, piscatore cernente, ingreditur: et ecce subito lux caelestis emicuit, miroque splendore collustrans omnia noctem convertit in diem. affuit cum apostolo multitudo civium supernorum, et choris hymnidicis praeeuntibus melodia insonuit. omnia plena lumine, omnia referta dulcedine: aures angelicae vocis mulcebat jocunditas; nares indicibilis odoris fragrantia perfundebat: oculos lux aetherea illustrabat. videbantur quasi mixta terrena caelestibus, humana conjuncta divinis; et quasi in scala Jacob angeli descendentes et ascendentes in illis sacris solemniis visebantur.

He sends a message by a fisherman to bishop Mellitus.

Quid plura? peractis omnibus quae ad ecclesiae dedicationem spectant solemniis, rediit ad piscatorem piscium piscator egregius hominum. quem cum, divini luminis fulgore perterritum, alienatum paene sensibus reperisset, blanda consolatione

7 intra] Ailred: iuxta DW Sp(orley). 8 sede] Ail. D Sp.: *om.* W. 23 et 1°] Ail. D Sp.: *om.* W. 27 supernorum civium egredientium et ingredientium Ail. 28 refecta DW Sp.

hominem sibi, animum reddidit rationi. Ingredientes cymbam simul uterque piscator, inter loquendum apostolus hominem iisdem quibus se quondam magister suus conveniens verbis, Numquid, ait, pulmentarium non habes? et ille, Timui enim inconsuetae lucis profusione stupidus, cum expectatione tui detentus nihil cepi: sed promissam a te mercedem securus expectavi. ad haec apostolus, Laxa nunc, inquit, retia in capturam. paruit imperanti piscator, et mox implevit rete piscium maxima multitudo. quibus ad ripam extractis, Hunc, inquit [salmonem] apostolus, qui ceteris magnitudine pretioque praecellit, Mellito ex mea parte piscem defer episcopo: pro naulica vero mercede caetera tibi tolle. ego sum Petrus qui loquor tecum, qui cum meis concivibus constructam in meo nomine basilicam dedicavi, episcopalemque benedictionem meae sanctificationis auctoritate praeveni. dic ergo pontifici quae vidisti et audisti, tuoque sermoni signa parietibus impressa testimonium perhibebunt. supersedeat igitur dedicationi: suppleat quod omisimus, dominici scilicet corporis et sanguinis sacrosancta mysteria; populumque sermone erudiens et confirmans benedictione, notificet omnibus hunc me locum crebro visitaturum; hic me fidelium votis et precibus affuturum; sobrie vero, juste et pie in hoc loco viventibus caeli januam reseraturum.

The bishop finds the signs of consecration.

His dictis clavicularius caelestis disparuit. et iam nocturnis tenebris finem dedit aurora, cum beato Mellito, ut putabat, ad futurae dedicationis celebranda mysteria processuro, cum pisce piscator occurrit: quem cum episcopo resignasset, omnia quae ei ab apostolo fuerant mandata prosequitur. stupet pontifex, reseratisque sacrae jam basilicae valvis videt pavimentum utriusque alphabeti inscriptione signatum, parietem bis senis in locis sanctificationis oleo litum, tot cereorum reliquias duodenis crucibus inhaerere, et quasi recenti respersione adhuc cuncta madescere. nihil ulterius ambiguitatis de his quae piscator astruxerat in cujusquam animo potuit residere, cujus assertioni signa caelestia testabantur. refert haec episcopus populo, et mox una vox omnium pulsat caelos laudantium

1 reddidit ratione Ail.: reddidit *ante* hominem DW Sp. 4 et ille, Timui enim] Tum, inquit, Ail. 5 cum] tum Ail. 6 *om.* a te W. 10 *om.* salmonem Ail. 12 naulica] Ail.: nautica DW Sp. 21 vocibus Ail.

deum et benedicentium, qui ad fidem omnium confirmandam in hujus templi sanctissimi dedicatione caeli terraeque patriam unam fecit rempublicam.

The tithe of salmon attests the miracle.

Dat fidem miraculo piscatoris illius tota successio, quae, sicut a patre acceperat, totius emolumenti quod ei ars illa deinceps conferret beato Petro eique servientibus offerre decimas non desineret.

III. From the Life of Mellitus [by Goscelin].

Capitulum tertium. De eadem materia, prout reperitur in vita sancti Melliti episcopi Londoniensis, contemporanei sancti Augustini, etc.

Cf. Bede, *H. E.* II 3.

Anno dominicae incarnationis sexcentesimo quarto beatus Augustinus Britanniarum archiepiscopus ordinavit duos episcopos, Mellitum et Justum: Mellitum ad praedicandum provinciae Orientalium Saxonum, qui Thamense fluvio dirimuntur a Kantia, et ipsi orientali mari contigui, quorum metropolis Londonia civitas est, super ripam Thamensis fluminis posita, et ipsa multorum emporium populorum terra marique venientium. in qua gente tunc temporis Sebertus, nepos Ethelberti regis ex sorore Ricula, sub ejusdem Ethelberti potestate positus regnabat. ubi vero haec provincia cum ipso rege verbum veritatis praedicante beato Mellito suscepit, fecit rex Ethelbertus in civitate Londonia ecclesiam sancti Pauli apostoli, in qua locum sedis episcopalis et ipse sanctus Mellitus et successores ejus haberent. beatum vero Justum in ipsa Kantia deo dilectus pater Augustinus episcopum ordinavit in civitate Roffensi, in qua rex Ethelbertus beati Andreae apostoli ecclesiam fecit.

Mellitus honoured in the consecration of Westminster by St Peter himself.

Quam vero dilectus deo et supernis civibus mellifluus Mellitus extiterit, etiam in inclita ecclesia quae sub urbe Londonia ab occidente sua attollit fastigia, et ab ipsa plaga Westmonasterium est appellata, divinitus clarescit; cujus dedicationis officium suo honori decretum per se beatissimus apostolorum princeps Petrus pro ipso Mellito hoc ordine explevit. venerat idem pontifex paratis rebus ad hanc dedicationem, et fixis tentoriis a dimidio miliario crastinum dominici diei diluculum expectabat. ipsa igitur nocte dominica aethereus ille janitor stans in ulteriori Thamensis fluvii ripa, qui ipsum monasterium alluit, vocato piscatore qui tunc noctis fluvialem

4 ff. dant...acceperant...eis...contulit...desunt Ail. 18 Saberct Bede. 20 vero]+et Bede Gosc. 21 accepit Bede Gosc.

praedam exercebat, transponi se ad illam ecclesiam promissa mercede postulat, expositusque praestolari se jubet donec redeat. interea nauta, dum expectat, dum stupide et trepide quae sit illa tam ignotae personae majestas non mortale spirans secum reputat, conspicatur repente totam ecclesiam supernis luminaribus flammescere, populosum candidatorum chorum nunc intus nunc foris ecclesiam cum angelicis concentibus ambire: audit et insuetam mortalibus caelestis suavitatem harmoniae; poteratque, si prius interfuisset, ecclesiasticae dedicationis morem perpendere. sed prae timore tantae visionis vix poterat spirare.

The apostle instructs the fisherman.

Exacto tandem omni sacramento dedicationis dux sidereus ducem suum repetit, exanimatum pavore clementissime lenit, utque de tam salutiferis mysteriis quae vidit amplius confidat instruit. cum ergo remigantes superiori ripae approximarent, summus apostolus percunctatur hominem an aliquid ipsa nocte cepisset: illo prorsus negante, Nunc, inquit, jace rete, et capies abundanter. paruit, et continuo plenum rete traxit. omnes erant paene ejusdem generis pisces, praeter unum mirae enormitatis esicium. Hunc, inquit apostolus, maximum piscem representa mane Mellito pontifici ex nostra benedictione: caeteri omnes sint mercedis et ditionis tuae. hujus generis copia abundabis in vita tua, et longo tempore post te progenies tua: tamen ne piscari ultra audeatis in celebritate dominica. dic etiam episcopo cum nostro munere, ne ecclesiam mihi paratam sollicitus sit dedicare: quia hanc ego modo dedicavi per me, sicut apertis indiciis poterit videre, quamquam haec jam compererit ex mea revelatione. tantum quod restat missas dedicationis populo confluo peragat, et absolutionem et benedictionem mea vice impendat. ac ne quid dubites de auctore mandati, ego sum Petrus apostolus Jesu Christi domini nostri, qui haec loquor tibi et mando ei.

The bishop finds the signs of consecration.

Ut ergo ille omnia visa et audita mane episcopo retulit, et apostolico munere in pisce mirando fidem fecit; hic nomine et pietate Mellitus domino protinus in beato suffragatore suo Petro gratiarum favos gratiosissime mellificavit: ecclesiam alatis pedibus caritatis irrupit: videt totam jordanicis fluentis bap-

12 dedic. sacram. Gosc. 16 percuntaret DW. 18 extraxit Gosc. 19 *om.* paene Gosc. 24 tantum Gosc. ultra piscari Gosc. 32 ei] sibi Gosc. 36 gratissime Gosc.

tizatam, pavimenta typicis characteribus inscripta, parietes duodenis crucibus chrismatos, totidem cereorum conflagratorum reliquias. quid amplius faceret aedituus domini in domo sibi perfecta et consecrata? missas celebravit, populum absolvit ac benedixit, et deo possessori domus suae regique regnanti in aula sua gloriam et honorem et benedictionem imperpetuum dedit.

IV. From Sulcard.

Capitulum quartum. De eadem materia, ut scribitur in chronica Sulcardi monachi Westmonasteriensis.

A wealthy Christian [named Sebert] builds a church for St Peter,

Illustrat urbem Londoniae regius amnis aequorea subterfluens vastitate Thamesis, nunc emittens itemque recipiens fluctus cursu et recursu pelagi et fluminis; insulamque Thorneye dictam cingit ab urbe duobus miliariis. complacitum est deo, ut creditur, et beato apostolorum principi in hac insula mansionem parari sibi, in qua et deus in suo coleretur apostolo et per ejus patrocinium et interventum misereretur supplici populo suo. instat ergo praedives Christicola [Sebertus] in fundanda ecclesia, brevique tempore perfectam reddidit instanti labore et opera. commonuit interea ejus dioceseos praesulem Mellitum, ut beato melliti cordis Petro fundatum consecraret locum. audito dei minister opere perfecto, gaudet de beati Petri honore, diemque denominat quo ad dedicandum velit exsolvere. parantur interea quae erant tantae dedicationi necessaria, et annunciatur circumquaque manentibus deicolis, ut accurrant ad caelestium nuptiarum solemnia celebria. statutum diem praevenit deo dilectus pontifex Mellitus, longeque a constructa ecclesia dimidio miliario advesperascente die tentoria candescunt eminus. tumor enim Thamesinus obtenderat undique Thornensem insulam, et intrare volentibus non nisi navigio aliquam affectabat viam. clauditur caelum nocturna caligine, et requiescunt singula caelitus indulto sopore, diurnosque labores nocturna absolvunt requie, cum caelestis dignatio omnem acceptans devotionem humilis et quieti cordis clarificare intendit electi gloriam clientis.

and asks bishop Mellitus to consecrate it.

The Thames in flood.

11 temesis Sul. itemque] nunc Sul. 13 tingit DW Sp. 14 credimus Sul. 17 *om.* Sebertus Sul. 19 opere Sul. 21 Addito DW Sp. perfecto opere ecclesie Sul. 22 dedicandum] + se Sul. 23 essent Sul. 25 accurrerent Sul. 28 timor W. themesinus DW Sp.: temesinus Sul. obtunderat DW Sp. 31 indulta Sul. 33 clarificare] Sul.: clare DW Sp.

The marvel of the consecration.

Audite quaeso et intentis mentibus percipite quam sublimi praerogativa Thornensem insulam princeps apostolorum sibi dignatus sit consecrare, et quam fiducialiter in ea deo servientes ejus debeant suffragia implorare. omnibus ut dictum est somno oppressis, adest ipse pastor noster beatus Petrus super ripam Thamisiae; visum in alia fluvii parte piscatorem inclamat ad se venire: qui si vellet et in ipsa insula poterat apparuisse, sed voluit ut arbitror testem habere operis agendi hominem officii sui. unde bis terque accitum piscatorem habet cum navi. transducit tandem petentem apostolum, non sine admiratione tamen quid ignotus ille, et in illa omnium rerum quiete, petere vellet trans fluvium. transvectus caeli claviger commonet illic expectare socium, laborisque sui certissimum pollicetur praemium. evadit e navi ad siccum, illoque spectante terrae infigens baculum creat post se fontem fluidum; progressusque paululum item infigendo quem ferebat baculum potestate sua educit et alterum: qui duo fontes longo defluxerunt tempore, donec absorberentur in fluminis alveo, litus devorante aequoreo rheumate. hoc in ducis sui intuitu peracto, vadit ad sibi delegatam ecclesiam. comitantur eum caelestes chori caelestem melodificantes harmoniam; vocesque angelicae adusque celsitudinem personuere aethereamn. nova dei nupta, consecrante eo qui caelum claudit et aperit, caelestibus resplendet luminaribus; totoque collucente ambitu candidatus insulam illustrat exercitus. patescunt desuper aethera, quodque agit apostolus in terra actum favet in caelis divinae majestatis potentia. spectator stupet attonitus; nedum discedere posset, permanendi caret viribus; tenetur solo corporis tremore, sui inops, apostolico nutu ligatus. si se haberet in suo jure discessisset utique; sed retinetur apostolicis vinculis, absolvendus testimonio gloriosae visionis.

The apostle sends the fisherman to Mellitus.

Peracto ad quod venerat officio, ad nautam suum redit apostolus tremebundum; ne paveat amplius blandis suadet sermonibus. Ne, inquit, timeas super his quae audisti et vidisti: sunt enim ita ex voluntate domini: mihique ne dubites audita et visa edicere, ut sciam utrum obstante pavore potueris visorum capax esse, et quid per te notaveris gestam

1 intentis] Sul.: ī|tis D: īn̄tis W.: ītis Sp. 7 reclamat Sul.
17 effluxerunt Sul. 24 collucente] Sul.: solis lucente DW Sp.
32 rediit Sul. 33 paveret Sul. 36 pavore]+vel stupore Sul.

rem et actorem significare. edocente diutius apostolo pavor abicitur, fiducia loquendi inducitur, tandemque resumptis viribus ad responsum piscator resolvitur. Licet, domine mi, scientiolam meam grandis excesserit visio, te jubente dicam quod sentio. uoces cantantium mira suavitate audivi, claritatem magni luminis vidi, et ad haec ultra quam sciam extimui. tu vero, domine mi, quis vel quid sis certius nescio, sed aliquid boni esse te credens non dubito. tunc apostolus sic recepit confitentem: Quem, inquit, bonum bene percipis, apertius intellige; quae etiam expones aliis. ego sum Christi apostolus Petrus, cui hanc ecclesiam fabricavit mihi ille meus amicus [Sebertus]; pro cujus amore et devotione, locique hujus aeterna sanctificatione, per meipsum volui eam deo et mihi consecrare. quae facta sunt jam tu ipse vidisti et audisti: in his quae restant obsecundato mihi. facto die adi Mellitum episcopum: rem ut est gesta edoce illum: ipse adveniens signa consecrationis chrismate illitis parietibus poterit videre. in his jam suo non indigemus labore: verum caetera, id est, missas et ministerium perficiat episcopale. ad testimonium ergo visionis tuae et allocutionis nostrae retia proicies in flumine, cedetque tibi nostro interventu prospere. de captis piscibus unum illi praesentabis mea ex parte, ut scilicet et de relatis tibi credat, et quae a me illi dixeris exsequens perficiat: tametsi credo quia jam illi nostrae actionis aliquid caelitus sit ostensum, ut tuum certius confirmetur eloquium. te etiam commoneo ne in dominica nocte vel die amplius velis piscari, cedetque in prosperum tibi tuaeque posteritati futurae, proficietisque plurimum in piscatoria arte. erat enim nox dominica cum hic piscator visione et allocutione usus est apostolica.

The bishop joyfully receives the message,

His dictis apostolus ejus visibus subtrahitur, caeloque receptus piscatori relicto in captura copiosissime ut promiserat auxiliatur. expansis enim retibus in flumine tantam piscium, quos salmones nuncupant, copiam traxit in litore, ut vix retia captis possent sufficere. credulus piscator apostolicae largitati facto die adest praesentiae praesulis designati, novoque modo dictis illum salutat beati Petri, et jussa dicens munus pariter exponit quod miserat illi. assurgit episcopus devotissime, gratiasque deo et

5 audivi] accepi Sul. 11 fabricavit] + devotus Sul. 12 *om.* Sebertus Sul. 13 memetipsum Sul. 24 sit] est Sul. 25 eloquium] Sul.: alloquium D Sp.: alioquin W. 32 *om.* enim W. 34 facto] Sul. D Sp.: festo W.

and finds the signs of consecration.

apostolo agens laetabatur se memorari et munerari a tanto caelorum principe. ingrediens autem ecclesiam, ubi oravit diligentius, circuiens et intuens parietes sacro signatos invenit chrismate, et signa defixarum candelarum apparentia in pariete. excitis ergo omnibus undique a plateis et vicis, a civitate occurritur et oppidis; devotisque assunt animis missarum celebrationi deo electi praesulis; habitoque sermone de re gesta et de reliquis animarum profectibus, suscitantur quamplures ad laetabundos piae compunctionis gemitus, gratiasque deo et apostolo suo agentes cum festivo gaudio propriis remittuntur quisque mansionibus. consecrata ecclesia ut nova dei sponsa novum nomen obtinuit; vetusque nomen Thorneyae, id est spinae insula, amisit, et a civitatis situ occidentale monasterium nomen accepit, etc.

Subsequent neglect of the church.

Its revival under K. Offa.

Acta sunt haec regis Cantuariensis Ethelberti tempore: quo totius carnis viam ingresso multisque ejus ex ordine successoribus negligentius habita est eadem ecclesia, utpote non adeo magna, usque ad regnum regis Offae, regis Orientalium Saxonum. hic itaque diligentius colens apostoli memoriam opere ampliavit ecclesiam. Haec Sulcardus.

V. From the 'Liber Regius.'

Capitulum quintum. De eadem materia, ut habetur in quadam chronica quae intitulatur Liber Regius: libro primo prope finem.

K. Sebert builds a church for St Peter.

Cf. Richard of Cirencester I 92–95.

The apostle comes to consecrate it.

Reges autem Orientalium Saxonum dominabantur in Essexia et Middlesexia et dimidia Hertfordia. in his itaque plagis regnavit quondam Sebertus rex, qui cum avunculo suo Ethelberto Cantuariorum rege utrorumque proceribus a sancto Augustino baptizatus in occidentali Londoniae parte, de quodam fano quod tunc Apollinis habebatur et locus Thorneya dictus, basilicam deo et sancto Petro fabricavit, sanctoque Mellito Londoniensi episcopo dedicandam commendavit. qui cum die statuta quadam dominica eam dedicare disposuisset, nocte praecedente cuidam piscatori Edrico nomine sanctus Petrus apparens, et quasi mercede compacta in navicula cum eodem piscatore Thamensem fluvium transfretans, praefatam basilicam cum caelestium comitatu et laudibus angelicis, vidente tremebundo praenominato piscatore, deo et sibi consecravit. mane

10 quique Sul. 13 a] + vento vel Sul. 16 ejus—negligentius] Sul.: negligentiis DW Sp. 33 nomine Eadrico Circ.

autem facto sanctus pontifex piscatore nuntio a sancto Petro hoc mandatum accepit, ut ecclesiam a se dedicatam rededicare non praesumeret, signa dedicationis universa reperiens; sed transfretans (inaccessibilis quippe absque navigio undique erat locus ille) et signa dedicationis videns, quod restabat, scilicet missam celebraret, paenitentibus pro arbitrio afflictionis dies indulgeret, et sic finitis omnibus dei et suam benedictionem populo daret.

The signs of the consecration.

signa autem dedicationis haec erant; parietes intrinsecus et extra madidi, oleum et cruces in ipsis cereique semicombusti, alphabetum utrumque graecum et latinum in atrio depictum, magna aqua a sancto Petro benedicta in medio, altare oleo perfusum, incensum in ipso altari super tres cruces in eodem sculptas semicombustum, cujus reliquum tunc temporis illius loci monachi noviter adunati diligenter collectum in scrinio recondiderunt.

The apostle instructs the fisherman,

Dedicato itaque coenobio (quod hactenus Westmonasterium, eo quod in civitatis occidentali parte situm sit, dicitur) ad piscatorem suum rediens sanctus Petrus, ab interrogato qualiter se haberet, responsum accepit prae timore se paene fore mortuum, insuetae claritatis visione et jubilantium inaudito strepitu. cujus timorem compescens jussit ut se reducens mereretur naulum. cum itaque in medio fluminis devenissent, interrogatus ab apostolo si ipsa nocte ars sua ei aliquid contulisset, respondit se nihil cepisse. ad quem apostolus, Mitte, inquit, in dexteram naviculae rete, et coadjutor tuus ero: novi enim et ego aliquantisper artem piscandi. quod cum fecisset tantam ejus piscis qui esicius dicitur cepit copiam, ut navicula paene mergeretur.

and sends him to Mellitus.

cui apostolus, Sume, inquit, extremum quem cepisti piscem, et ex mea parte defer episcopo pro munere. decimationem nunc dedicatae ecclesiae dabis pro gratiarum actione: caeterum vero tibi tolle pro naulo. sed et hujus dedicationis signum erit perpetuum, quod tu et tota sequens hujus artis progenies hujus generis piscium decimationem illi ecclesiae dabitis imperpetuum, quatinus vobis sit capiendi facultas fluminique fecunditas: orationisque causa eam ecclesiam frequentantibus erit benedictio, et possessiones ei largientibus aeterna in caelis retributio. pavens igitur piscator et admirans cum miraculo jubentis imperium, quisnam esset tanta promittens inquirit. cui apostolus, Ego sum, inquit, quem Christiani sanctum Petrum

14 loci] Circ.: *om.* DW Sp.

apostolum vocant, qui hanc ecclesiam meam hac nocte deo dedicavi. haec dicens apostolus et de navi exiens disparuit.

The tithe of salmon.

Ab illo itaque usque in hodiernum diem ejus piscatoris progenies esiciorum decimationem deo et sancto Petro, prout audent, conferunt. presbyteri quippe quorum parochiani ipsi piscatores existunt, malitia placitorum crescente et dolo artant ipsos piscatores, ut sancti Petri decimationem sibi conferant. propter quod et flumini ingerunt sterilitatem et sibi maledictionem: asserunt enim etiam ipsi piscatores ob hoc ipsam fluminis esse sterilitatem, et ob capiendi difficultatem se maximam pati penuriam, etc.

K. Sebert is buried in the church.

Rex autem Sebertus, soluto naturae debito, in praefata ecclesia quam ipse construxerat, juxta altare quod sanctus Petrus dedicaverat, cum conjuge sua tumulatur.

VI. From the Life of St Dunstan.

Capitulum sextum. Item de dedicatione hujus loci Westmonasteriensis sic legitur in vita sancti Dunstani.

Beatus praesul Dunstanus, cum ecclesiis sibi commissis curiose invigilaret, a perfectis viris probatisque personis didicit quanta dignatione beatus Petrus apostolorum princeps oratorium suum quod Westmonasterium dicitur insignivisset et per se ipsum dedicavisset: regi videlicet Edgaro persuadet ut ob venerationem tanti apostoli loci honori intendat, etc.

From the Life of St Edward [by Ailred (Twysd. col. 382)].

Item de novatione Westmonasterii sic habetur in vita sancti regis et confessoris Edwardi, ex litteris cujusdam sancti viri et monachi inclusi nomine Wulsini, facta sibi caelitus revelatione per sanctum Petrum apostolum.

Wulsin's vision of St Peter.

Est autem mihi locus in occidentali parte Londoniae a me electus, mihi dilectus, quem quondam mihi propriis manibus consecravi, mea nobilitavi praesentia, divinis insuper miraculis illustravi. Thorneia nomen est loci, qui quondam ob peccata populi barbarorum traditus potestati, pauperrimus ex divite, humilis ex sublimi, ex nobili factus est contemptibilis. hunc rex me praecipiente in habitaculum monachorum suscipiat reparandum, sublimandum, aedificiis et possessionibus ampliandum. non erit ibi aliud nisi domus dei et porta caeli: ibi erigenda est

33 suscipiat] Ail.: suscipiet DW Sp. 35 D in margin by a later hand has: prophetauit scus Petrus in monasterio Westm. scalam celi erigendam; quod et iam actitatum est.

scala illa per quam descendentes et ascendentes angeli preces et vota hominum deo praeferant, et referant gratiam. inde ascendentibus reserabo januam paradisi, ut ex officio quod meus mihi dominus ac salvator injunxit, et ligatos absolvam et absolutos suscipiam, et quam eis delictum obcluserat justificatis portam patriae caelestis aperiam, etc.

From an ancient sermon.

Item de dedicatione Westmonasterii sic legimus in fine cujusdam sermonis de sancto Petro editi et vetustissima littera conscripti, cujus tale est principium:

Venit Jesus in partes Caesareae Philippi, etc. et infra:

Cum igitur tantam habeat potestatem, tantam dignitatem noster advocatus, honoremus illum, amemus eum, serviamus ei in sanctitate et justitia omnibus diebus nostris: nos, inquam, quos speciales adoptavit in filios, quos in ecclesia sua adunavit quam propriam elegit in filiam, quam majestate praesentiae suae nobilitavit, quam propriis manibus consecravit. celebremus igitur devote solemnitatem illius, etc.

From Higden's Polychronicon (lib. v, c. xi: Rolls Ser. v 424 f.)

Item sic habetur in chronica R. Cestrensis, sive Polychronicon.

Quidam ad instigationem regis Ethelberti construxit ecclesiam beato Petro in occidentali parte urbis Londoniae, in loco qui Thorneya dicebatur, quod sonat Spinarum insula, nunc autem dicitur Westmonasterium.

VII. From a bull of pope Nicholas II (1058–1061), recited in the Third Charter of St Edward.

Capitulum septimum. Pro libertate et dignitate ecclesiae Westmonasteriensis taliter in bullis summorum pontificum et chartis regum Angliae invenitur. Bulla Nicholai papae missa sancto regi Edwardo, sicut habetur in tertia charta ejusdem regis.

Nicholaus episcopus, servus servorum dei, gloriosissimo ac piissimo omnique honore dignissimo, spirituali quoque filio nostro, Edwardo Anglorum regi, visitationem omnimodam, salutem mellifluam et benedictionem apostolicam. omnipotenti deo referimus grates. et infra:

Praeterea illi loco quem sub nomine sanctae paenitentiae construendi et meliorandi onus suscepistis, quoniam ut fertur

2 perferant Ail. Sp. 20 Quidam] Quo in tempore civis quidam Londoniensis Higd. 35 construendum et meliorandum susc. Charter.

primam antiquitus consecrationem a beato Petro accepit, cujus licet indigni vicarii sumus, et quia regia antiquitus sedes est, ex auctoritate dei et sanctorum apostolorum atque hujus Romanae sedis et nostra, concedimus, permittimus et solidissime confirmamus ut amplius in perpetuum regiae constitutionis et consecrationis locus sit, atque repositorium regalium insignium, et habitatio perpetua monachorum, qui nulli omnino personae nisi regi subdantur, habeantque potestatem secundum regulam beati Benedicti per successiones eligere ex se idoneos abbates; neque introducatur per violentiam extranea persona nisi quam concors congregatio sibi praeesse elegerit. absolvimus etiam eum locum ab omni servitio et dominatione episcopali, ut nullus episcopus illuc introeat ordinaturus aut praecepturus aliquid, nisi ex petitione et consensu abbatis et monachorum. et habeat idem locus liberum procinctum, id est, ambitum et cimiterium mortuorum, circa se absque episcopali vel cujuscumque respectu vel exactione. et omnia quae ad libertatem et exaltationem illius loci ad honorem dei pertinentia per nostram auctoritatem accedere possunt, hilari et promptissima voluntate concedimus. possessiones autem quas antiqui reges seu quicumque alii homines, vos quoque ac vestri barones ad eundem locum contulistis, et chartas quae ex eis factae sunt, divina et nostra auctoritate roboramus et ratas ac stabiles esse decernimus, et infractores earum vel invasores aut diminutores aut dispersores, venditores etiam eterna maledictione cum Juda proditore damnamus, ut non habeant partem in beata resurrectione sed a beato Petro se judicandos sciant, quando sedebit cum suis coapostolis judicans duodecim tribus Israel. vobis vero et posteris vestris regibus committimus advocationem et tuitionem ejusdem loci et omnium totius Angliae ecclesiarum, ut vice nostra cum consilio episcoporum et abbatum constituatis ubique quae justa sunt; scientes pro hoc vos recepturos dignam mercedem ab eo cujus regnum et imperium nec desinet nec minuetur in saeculum. valete.

3 sanctorum] Ch.: dictorum DW. 9 beati] sancti Ch. 11 sibi praeesse elegerit] Ch.: preeligerit DW. 13 praecepturus] Ch.: percepturus DW. 16 circa se] Ch.: *om.* DW. 32 pro hoc] Ch.: per haec DW. 33 cujus] after this D is wanting until c. XVI. 34 saeculum] Ch.: + seculi W.

From a bull of pope Paschal II (1099–1118). Cf. Faust. A iii, f. 157. (Cf. p. 17.)

Bulla Paschalis papae.

Paschalis, servus servorum dei, glorioso ac dilecto filio suo, regi Anglorum, Henrico. et infra:

Solicitudinem, filii carissimi, omnium ecclesiarum. et infra:

Itaque, dilectissimi, quoniam beati Petri apostolorum principis idem locus speciali patrocinio subjacet, et sanctae Romanae ecclesiae a principio tamquam filia propria fideliter adhaeret; ex injuncto nobis a deo apostolatus officio tam vicinis quam longe positis cogimur debitores existere, et eidem ecclesiae quae peculiarius ad jus beati Petri pertinet suam justitiam conservare. quapropter, ne talium propositum succedat in posterum, locum praelibatum ab omni servitio et dominatione episcopali absolvimus, et ex auctoritate dei et sanctae Romanae ecclesiae funditus excludimus: ita ut nullus episcopus, sive Londoniensis seu quicunque aliquis alius, illuc introeat ordinaturus aut aliquid sive in maximo sive in minimo praecepturus, nisi propria abbatis ex petitione et monachorum communi utilitate. concedimus igitur et robustissima auctoritate nostra apostolica permittimus et confirmamus ut locus ille regiae constitutionis in perpetuum et consecrationis locus sit, atque insignium regalium repositorium. sit etiam locus ille liber et ab omni invasione vel inquietudine omnium hominum cujuscumque sint ordinis vel potestatis absolutus, ne ulli omnino personae nisi regi subdatur.

A bull of pope Innocent II to K. Henry I, 30 Sep. (1133). Cf. 'Domesday' f. 1*b*.

Bulla Innocentii papae secundi.

Innocentius episcopus, servus servorum dei, carissimo in Christo filio Henrico, illustri Anglorum regi, salutem et apostolicam benedictionem. praesentiae nostrae, fili dilecte, usque ad aures (cujusdam Godefridi, ex fratrum suorum ecclesiae beati Petri Westmonasteriensis parte, relatione) prolatum est gravis querimoniae et tumultus molem inter dominum Gilbertum episcopum Londoniensem et dilectum nobis Westmonasteriensem conventum nuper accidisse exortam: videlicet, quod idem episcopus in die solemnitatis sanctorum apostolorum Petri et Pauli in ecclesia praefata, a fratribus gratia non more vocatus, missas solemnes celebravit, sed contra

18 utilitate] voluntate Faust. A iii. 28 vestre W. 32 London. episcopum d (='Domesday').

Romanae ecclesiae dignitatem, et regum antiquorum privilegia pro pace et libertate perpetua ibidem indulta, rapacitatis ardore festiva altaris oblationum beneficia suis praesumptuose compendiis usurpavit. ea propter, fili reverende, ut totius controversiae inter illos deinceps radicitus amputetur eventus, ecclesiam praefatam tanquam sanctae Romanae ecclesiae specialem filiam, quae regni tui exstat corona, in manu ac protectione nostra apostolica suscipimus, et ab omni dominatione tam praesentis Gilberti quam ejus successorum Londoniae episcoporum aliorumque ecclesiasticorum saeculariumve potentum eam omnino excludimus, et exclusam tuae successorumque tuorum protectioni committimus. et quoniam tuae regiae dignitatis est ecclesias in tuo regno constitutas diligere, exaltare, et eas a malignantium infestatione defensare, tibi pro animae tuae remedio injungimus, et per haec apostolica scripta mandamus, quatenus eandem venerabilem ecclesiam, sedis apostolicae filiam, cum omnibus pertinentiis et dignitatibus ac habitatoribus suis, peculiari dilectione diligas, protegas, et a pravorum morsibus et vexatione defendas, nec ei quodlibet nocumentum violenter irrogari permittas. datum Pisis, ii kalendas Octobris, etc.

From a bull of Innocent II to abbot Gervase (9 Dec. 1139). Cf. 'Domesday' f. 1. (Cf. p. 91.)

Alia bulla Innocentii papae secundi, directa Gervasio abbati et fratribus coenobii sancti Petri Westmonasteriensis.

Innocentius, servus servorum dei, etc. et infra circa finem:

Regalia quoque gloriosi regis Edwardi quae apud vos habentur insignia ita in eodem monasterio intacta et integra decernimus conservari, ut nulli fas sit cujuscumque ordinis aut dignitatis ea distrahere vel vendere, aut extra eundem sacrum locum absque communi omnium fratrum assensu in aliquos usus prorogare, etc.

From a bull of Innocent III to abbot [William Postard], 30 April 1199. Cf. 'Domesday' f. 13.

Bulla Innocentii papae tertii.

Innocentius episcopus, servus servorum dei, dilecto filio abbati Westmonasterii salutem et apostolicam benedictionem. tua potissimum ad hoc debet sollicitudo intendere. et infra:

Unde nos utilitati tuae et ecclesiae Westmonasterii, quae

3 altare W. 5 radicitus deinceps d. 7 tui regni W. 11 et successorum W. 21 etc.] *om.* d.

nostra est filia specialis, providere volentes, auctoritate tibi praesentium inhibemus ne ecclesias sive alias possessiones et bona ejusdem ecclesiae ad communem dispositionem pertinentia absque consensu et voluntate capituli tui vel majoris et sanioris partis alicui temere conferre vel alienare praesumas. datum Laterani, pridie kalendas Maii, pontificatus nostri anno secundo.

VIII. From the charter of K. Edgar the Peaceable. Cf. 'Domesday' f. 36*b*.

Capitulum octavum. In charta regis Edgari pacifici sic habetur:

Regnante domino nostro Jesu Christo in perpetuum. amen. ego Edgarus dei gratia anglorum rex. et infra:

Igitur postquam dono dei et paterna successione in regnum Anglorum inthronizatus et confirmatus fui, ubi vidi ecclesias dei tam peccatis exigentibus quam crebris barbarorum irruptionibus dirutas, et maxime sanctam et apostolicam vitam, id est, monachicum ordinem, per omnes regni mei provincias funditus deperisse, graviter dolens et consilium a spiritu sancto accipiens Dunstano archiepiscopo et Athelwoldo Wyntoniensi episcopo hoc negotium indixi, ut omnia monasteria quae infra terminum totius Angliae sita sunt supra vel infra circumirent ac reaedificarent, possessiones quae ad fiscum redactae erant de ipsis monasteriis vel ab aliis saecularibus potestatibus pervasae, ubicunque chartis vel testimoniis recognoscerent, mea auctoritate freti in integrum restituerent. et tamquam dicente mihi domino, A capite incipe, in primis ecclesiam domini specialis patroni ac protectoris nostri beati Petri, quae sita est in loco terribili qui ab incolis Thorneye nuncupatur, ab occidente scilicet urbis Londoniae: quae olim, id est, dominicae incarnationis anno dciiii° beati Athelbrythi hortatu, primi Anglorum regis Christiani, destructo prius ibidem abominationis templo regum paganorum, a Seberto praedivite quodam subregulo Londoniensi, nepote videlicet ipsius regis constructa est, et non ab alio sed ab ipso sancto Petro apostolorum principe in suum ipsius proprium honorem dedicata; dehinc ab Offa et Kenulpho,

5 auferre W. 9 in perpetuum] d: imperium. amen W: *add.* amen d (*supra lin. recentiore manu*). 15 ordinem] d: vitam W. 16 sancto spiritu d. 17 Ayelwaldo W. 18 hoc negotium] W: *supra lin.* d. intra d. 19 communizent W Sp. 21 pervase d W. 23 in] d (*ins.* ad *supra lin.*): ad W. 24 dompni *supra lin.* d. 28 dcliii° W. Athelbrithy W. 30 Sabertho d. qd sub Regulo W. 32 sancto] d: *om.* W.

regibus celeberrimis, possessionibus privilegiis et variis ornamentorum speciebus vehementer fuerat ditata; et in qua sedes regia et locus consecrationis regum antiquitus erat. hanc praecepi ut studiosius restruerent, et omnes possessiones ejus readunarent; et ipse de meis dominicatis terris aliquanta addidi et chartis atque legitimis testibus corroboravi.

Et infra post bullam Johannis papae recitatam ibidem immediate:

Cognoscat ergo magnitudo seu utilitas vestra quoniam decernimus et in perpetuum mansurum jubemus atque constituimus, ut pro reverentia reliquiarum gloriosissimi apostoli Petri, et pro quiete monachorum ibidem deo famulantium, honor et laus ejusdem ecclesiae habeatur et observetur: id est, ut quisquis fugitivorum pro quolibet scelere ad praefatam basilicam beati apostoli fugiens procinctum ejus intraverit, sive pedes sive eques, sive de curia regali sive de civitate seu de villa, vel cujuscunque condicionis sit, quocunque delicto facinoris contra nos seu succedentes reges Anglorum vel contra alium quemlibet fidelium sanctae ecclesiae dei forisfactus sit, relaxetur et liberetur et vitam ac membra absque ulla contradictione obtineat. praeterea interminamur divina auctoritate et nostra, ut neque nos neque successores nostri neque quilibet episcopus vel archiepiscopus nec quicunque de judiciaria potestate in ipsam sanctam basilicam, vel in manentes in ea, vel in homines qui cum sua substantia vel rebus ad ipsam tradere vel devovere se voluerint, nisi per voluntatem abbatis et suorum monachorum ullam unquam habeant potestatem. sed sit haec sancta mater ecclesia peculiaris patroni nostri beati Petri apostoli libera et absoluta ab omni invasione vel inquietudine omnium hominum cujuscunque ordinis vel potestatis esse videantur, etc.

From the First Charter of St Edward. Cf. 'Domesday' f. 38 *b*.

In prima charta sancti regis Edwardi sic habetur.

In nomine sanctae et individuae trinitatis. ego Edwardus, etc. et infra post bullam Leonis papae recitatam in eadem charta:

Itaque decimari praecepi omnem substantiam meam, tam in

2 dedicata W. 3 locus] + eciam d. ut studiosius] W: studiosi d (*sed corr. supra lin.*). 5 meis *post* terris d (*sed ins.* meis in *supra lin. post* de). 9 qm̄ d: quā W. 10 perpetuo d. 13 id est] d: Idem W. 16 seu...vel] seu...seu (*sed supra rasuram*) d. 24 ea] ipsa d. 35 Itaque] d: Ita quod W.

auro et argento quam in pecudibus et omni genere possessionum, et destruens veterem novam a fundamentis basilicam construxi, et constructam dedicari feci v° kal. Januarii: in qua collocavi ipsa die reliquias quas Marinus papa et Leo qui eum consecravit dederunt Alfredo regi, et quas ipse a Carlomanno rege Francorum dari sibi impetravit; cujus filiam pater ejus Athelwlfus rex post mortem primae conjugis duxerat in uxorem, quaeque ab ipso ad successorem ejus Athelstanum, deinde ad Edgarum, ad ultimum ad nos pervenerunt: scilicet duas partes crucis domini, et partem unius clavi, partemque tunicae ejus inconsutilis; et de vestimentis sanctae Mariae, et reliquias apostolorum Petri et Pauli, Andreae, Bartholomaei, Barnabae, et aliorum plurimorum sanctorum; et quinque capsas aliis sanctorum reliquiis plenas. et statui ut quicunque reus regiae majestatis vel cujuslibet alterius offensae ad locum in quo pausant istae reliquiae confugerit, ejus rei et membrorum ac vitae impunitatem consequatur. eodem die renovavi, confirmavi et emendavi privilegia quae famosissimus avus meus Edgarus, patruusque meus deo amabilis rex et martyr gloriosus Edwardus ejusdem Edgari filius, et sanctissimus pater Dunstanus Cantuariensis archiepiscopus, ac piissimus rex Etheldredus pater meus illi loco contulerunt: meam quoque auctoritatem adjeci augmentans decreta utilia admonitione venerabilium archiepiscoporum Stigandi et Aldredi et aliorum optimatum meorum, videlicet ut ille locus in perpetuum ab omni saeculari servitio sit liber, etc.

Et ut omnia concludam, nullus succedentium regum per vim aut per consuetudinem pastum ab eorum possessionibus exigat, sed omnimodam libertatem perpetualiter habeant. post hanc donationem excommunicaverunt omnes episcopi et abbates totius Angliae, et monachi ac clerici, secundum apostolici Leonis praeceptum, eos qui hoc constitutum infringerent vel infringi permitterent quantum in ipsis esset. si quis ergo hanc nostram donationem augere et amplificare voluerit, augeat deus dies ejus prosperos hic et in futuro. si autem evenerit ut aliquis aut regum succedentium vel alicujus personae homo, quod non optamus, diabolica temeritate

3 dedicare W. 6 *om.* dari W. Athelwlphus W. 10 vestibus d: *sed corr. manu recentiore.* 14 magestatis regie d. 19 *om.* Edwardus W. 30 ac] et W. 31 infringerint W. 33 vero hanc donationem d *sed corr. man. rec.*

fuerit elatus vel seductus, quatenus hoc nostrum statutum infringere vel minuere aut in aliud mutare velit, sciat se perpetuo anathemate damnatum, nisi cum digna satisfactione emendaverit; sin autem emendatione fuerit indignus, ipse quidem cum Juda traditore Gehennae ignibus cremabitur. sed haec charta nihilominus in sua libertate permanebit, quamdiu Christiani nominis timor et amor in hac nostra gente perseveraverit, etc.

From the Third Charter of St Edward.

In <tertia> charta sancti regis Edwardi sic habetur:

In nomine sanctae et individuae trinitatis. propter eos qui justitiam dei contemnunt, etc. usque post bullam Nicholai in eadem charta recitatam; et post pauca habetur ibidem:

Et pro magnifica dignitate sive regali excellentia ipsius ecclesiae, et pro quiete monachorum ibidem deo famulantium, tantus honor eidem ecclesiae habeatur in perpetuum et observetur, ut neque nos neque successores nostri neque quilibet episcopus nec quicunque de judiciaria potestate in ipsam sanctam basilicam vel in manentes in ipsa, vel in homines qui cum suis terris vel qualibuscumque substantiis ad ipsam tradere vel devovere se voluerint, nisi per voluntatem abbatis et suorum monachorum, ullam unquam habeant potestatem: sed sit haec sancta mater ecclesia peculiaris patroni nostri domini et magni apostoli ter beati Petri libera et absoluta ab omni invasione vel inquietudine omnium hominum, cujuscumque ordinis vel potestatis esse videantur. praeterea aliud constituo atque in perpetuo confirmo, ut quisquis fugitivorum de quocumque loco pro quacumque causa, cujuscumque condicionis sit, ipsum sanctum locum vel procinctum ejus fugiens intraverit, immunis sit omnino ac plenam libertatem consequatur. et sequitur ulterius:

Si quis autem contra hanc praeceptionis et auctoritatis nostrae paginam senserit, quicumque ille fuerit, cujuscumque nominis et honoris, aetatis et potestatis, gradus et ordinis; et eam vel in magno vel in minimo infringere voluerit, aut alios ad hoc conduxerit, unusquisque pro se ipso libras quinque partibus sancti Petri persolvat. et quicquid exinde fiscus noster ad partem nostram sperare poterat, in luminaribus vel

3 *om.* digna W. 5 proditore W. 9 *om.* tertia W. 23 *om.* ter W. 24 *om.* vel inquietudine W.

stipendiis monachorum, seu et eleemosinis pauperum ipsius monasterii, perenniter per nostra oracula ad integrum sit concessum atque indultum. hanc igitur chartam meae donationis et libertatis in die dedicationis praedictae ecclesiae recitari jussi, coram episcopis, abbatibus, comitibus et omnibus optimatibus Angliae, omnique populo audiente et vidente; et secundum apostolici Leonis ejusque successoris Nicholai constitutum excommunicari feci eos qui decretum nostrum infringerent vel infringi permitterent quantum in ipsis esset.

IX. From the First Charter of K. William the Conqueror. Cf. 'Domesday' f. 52.

Capitulum nonum. In charta prima Willelmi Conquestoris sic habetur.

In nomine sanctae et individuae trinitatis, anno dominicae incarnationis millesimo lxvii°, ego Willelmus dei gratia dux Normannorum, etc. et infra:

Favente justo dei judicio Angliam veniens in ore gladii regnum adeptus sum Anglorum. et infra:

Cum ergo comperissem quod praedecessor meus Edwardus bonae memoriae rex dimisisset coronam et alia regalia regni prima ad ecclesiam sancti Petri Westmonasterii, quam divinitus pro remedio animae suae inspiratus in loco paenitentiae antiquam reedificaverat; cogitans et ipse quod dicit sapientia: Stultum est non attendere ad quem finem tendas. et infra:

Decrevi omnes omnino ecclesias dei exaltare et honorare, sed maxime illam in cujus materno utero corpus domini et praedecessoris mei praefati refotum sepulturae requie ut cernimus requiescit, et in qua ipse oleo sanctae unctionis perunctus et corona regni a deo per pontificales manus primo anno victoriae meae ipso die nativitatis domini celebriter coronatus sum, etc.

From a charter of K. Henry I. Cf. 'Domesday' f. 57 *b*.

In charta regis Henrici primi sic habetur:

Henricus dei gratia Anglorum rex archiepiscopis, episcopis, etc. et infra:

Sciatis communiter me pro redemptione animae meae et patris et matris meae, necnon et beatae memoriae regis Edwardi cognati mei, qui patrem meum liberosque illius in regnum suum adoptivos heredes instituerat, accepisse in manu mea et defensione totum honorem ecclesiae sancti Petri

1 seu] sed W. elemosinas Charter. 18 bē memorie predictus rex d. 26 cernimus] d: terminus W. quam d W.

Westmonasteriensis: in qua ecclesia ego oleo sanctae unctionis, sicut et ceteri ante me reges, perunctus, quia ille locus antiquitus regum consecrationis fuisse cognoscitur, et corona regni a deo per pontificales manus celebriter coronatus sum; et in cujus etiam praedictae ecclesiae materno utero corpus domini ac praedecessoris nostri et praefati regis Edwardi refotum sepulturae requie ut cernimus requiescit, per quem nempe me in regimen regni Angliae sublimatum fore cognosco. et infra:

Et ut breviter pleniusque omnia concludam, quicquid honoris, quicquid quietationis vel libertatis seu etiam dignitatis, praefatae ecclesiae et monachis ab antiquis regibus et beatae memoriae rege Edwardo atque patre meo ceterisque fidelibus est concessum, insuper et auctoritate apostolica Romanorum praedictorumque pontificum est confirmatum, melius et firmius meae confirmationis dono nunc habeant, etc.

Similar charters of K. Henry II and K. Richard I.

Eadem verba per totum recitat in charta sua Henricus secundus, excepto quod, ubi ipse dicit patrem suum, iste dicit proavum suum. similiter et Richardus rex eosdem sermones recitat in charta sua.

From a charter of K. Stephen. Cf. 'Domesday' f. 59.

In charta regis Stephani sic habetur:

In nomine sanctae et individuae trinitatis. ego Stephanus rex Angliae, etc. et infra:

Summum in regibus et principibus bonum est justitiam dei colere, sanctam ejus ecclesiam exaltare et honorare; quia qui eam exaltant et honorant, cum ea et in ea et per eam exaltantur et honorantur. praevenit cor meum gratia dei, ut quod ab antecessoribus meis regibus collatum est ejus ecclesiae, mea firmetur auctoritate. ecclesia namque beati Petri apostolorum principis quae Westmonasterium dicitur, in qua deo donante consecratus sum in regem. et infra:

Pro salute itaque animae meae, et pro honore ejusdem regis Edwardi, et pro animabus omnium antecessorum meorum, accipio in manu mea et defensione totum honorem praedictae ecclesiae ejusdem apostoli. et ideo videte, sicut amorem meum diligitis, ne faciatis nec fieri consentiatis injuriam nec torturam in omnibus possessionibus suis. et infra:

2 me] d: *om.* W. 8 regimine d. 22 Stephanus] + dei gratia d. 24 ac d. 28 ei ecclesia W. 33 *om.* omnium W.

(Cf. p. 53.)

Pro magnifica siquidem dignitate sive regali excellentia ipsius ecclesiae, etc.; ut supra capitulo nono in charta tertia sancti regis Edwardi continetur. et infra sequitur:

Nullo modo consentire volo ut quisquam hanc ecclesiae sancti Petri libertatem unquam infringere praesumat.

X. From St Dunstan's charter.

Capitulum decimum. Pro exemptione, jurisdictione et ordinaria potestate ecclesiae Westmonasteriensis, charta sancti Dunstani episcopi.

Dunstanus dei misericordia Londoniensis episcopus, omnibus episcopis, abbatibus et cunctis ecclesiae filiis praesentibus et futuris in perpetuum. quoniam, fratres carissimi, inimicus humani generis semper laborat superseminare zizania, etc. et infra:

Quapropter noverit omnium catholicae ecclesiae cultorum generalis universitas, quod dominus gloriosissimus Edgarus Anglorum rex, divino irradiatus lumine, religiosa petitione humilitatis nostrae extremitatem poposcit propter frequentes monachorum et clericorum simultationes, ut et nos et canonicorum nostrorum communis fraternitas securitatis et incommutabilitatis privilegium ederemus pro reverentia summi apostolorum principis Petri ad basilicam ipsius quae dicitur Westmonasterium, ubi reliquiae ipsius virtutum miraculis coruscant. et infra:

Hoc privilegium plena voluntate una cum consensu fratrum meorum ipsis concessi, per quod decerno atque obtestificatione divini nominis interdico, ut nec ego deinceps nec ullus successorum meorum episcoporum Londoniensium hoc audeat infringere vel temerario ausu aliquatenus violare. videlicet, ut omnis presbyter vel clericus, ex his qui in ipso procinctu beatissimi Petri et omnes illi qui in circumscripto spatio, sicut designant cruces vel fossata vel alia signa, illi ecclesiae serviunt, sint liberi et absoluti ab omni debito et redditione circadarum et synodorum. tamen volumus et pro amore vel reverentia sancti Petri concedimus, ut ex nostro vel successorum nostrorum episcopatu sine pretio chrisma et oleum accipiant. concedimus etiam illi loco cimiterium liberum, sicut a regibus ab antiquis temporibus concessum fuerat, ita ut quicumque de quocumque loco

9 Lundon. Ch. and so throughout: Lundoniensis d. 14 generatur W. (in d a correction at this point). 15 divina W. religione W. 24 discerno d W. 26 audeant W. 31 tricadarum d: trycadarum W.

vel cujuscumque conditionis petierit se ibi sepeliri, non impediatur vel prohibeatur vel ab episcopo vel ab archidiacono vel a parochiano suo presbytero. et si quis eorum presbyter vel clericus forte aut occisus, quod absit, aut vulneratus fuerit, aut ex eis omnibus alicujus injuriae acclamatio surrexerit, quicquid ex his omnibus ad nos attinere videtur, hoc totum abbati, qui in ipso sancto loco praefuerit, ceterisque fratribus habendum et disponendum concedimus. si autem, quod absit, etiam de rebus eorum furtum fuerit factum, et abbati vel fratribus visum fuerit ut examinatio ex hoc debeat agitari, habebunt licentiam accipiendi a nostro episcopatu benedictum ferrum, vel si qua alia sunt instrumenta aut benedictiones ad hujusmodi rem exercendam, absque exactione pretii a calumniatore vel calumniato, intra procinctum monasterii tantum; sed extra efferendi ad villas suas vel causas aliorum agendas non habebunt potestatem. relaxamus etiam eos qui intra villam ipsius procinctus commorantur a collecta denariorum quam Romeschot appellant, sicut relaxatum est a regibus Offa et Kenulpho et Edgaro. et omnia quae ad libertatem et exaltationem illius loci per nostram auctoritatem accedere possunt, hilari et prompta voluntate concedimus. nimirum cum ego illi sancto loco, quasi multorum regum temporibus neglecto, praefuerim, quem postea additis ei aliquantis terris venerabili Wulsino ejusdem loci monacho commendavimus servandum. et infra:

✠ In Christi nomine sub horum testimonio quorum nomina flavescunt infra. Ego Dunstanus, ac si peccator et nomine tantum episcopus, hanc libertatis schedulam impressione sigilli nostri et anuli, insuper et agalmate sanctae crucis, diligenter consignavi, ac deinde manibus ad caelum extensis dixi: Si quis hanc munificentiae libertatem sanctumque locum praedictum in terris vel decimis vel aliis redditibus seu in aliquo nostris et futuris temporibus melioraverit vel adauxerit, augeat illi deus perpetuitatis beatitudinem; atque in nostris orationibus et benedictione ab omnibus peccatis suis absoluti feliciter permaneant. qui vero hanc nostram auctoritatem vel immunitatem infringere voluerint, vel alios ad hoc conduxerint, et tam

6 ad nos] Ch.: *om.* d W. 9 eorundem W. vel] et W. 12 sint d W. 17 Romescoth d W. 18 Kenulpo Ch. 19 libertatem] + pertinent W. 26 et] *om.* d. 27 scedulam Ch.: cedulam d W (and so below). 30 sanctum predictumque locum Ch.: sanctum predictum locumque d.

ea quae praeteritis vel nostris temporibus sunt data, quam ea quae in futuro a fidelibus danda sunt, stolido conamine absumere cogitaverint, vel aliquod amminiculum aut calices aut cruces, seu indumenta altaris vel sacros codices, aurum, argentum vel qualemcumque speciem ibidem collatam, eripere temptaverint, vel alios de rebus illius ecclesiae hereditaverint, fratribusque ejusdem loci vim inferre praesumpserint, vel eos injuste contristaverint, necnon et hanc schedulam chartulasque regum vel aliorum fidelium ad defensionem et tuitionem loci ibidem data auferre seu evertere studuerint; ignibus aeternis, cruciatibus perpetuis illos damus, maledicimus atque excommunicamus, portas caeli eis claudimus; et deleantur nomina eorum de libro vitae, sitque pars eorum cum Juda domini traditore, nisi resipiscant et tribus annis a communione fratrum sequestrati paenitentiam agant.

Ego Oswoldus Eboracensis ecclesiae archiepiscopus hujus munificentiae conservatores benedixi, contradictores vero perpetuo damnavi, dicens: Effundat dominus super eos iram suam, et furor irae suae comprehendat eos.

Ego Aelfstanus Roffensis ecclesiae episcopus hanc libertatem augmentantes regi regum commendavi, destructores autem sic dicendo maledixi: Veniat mors super illos, et descendant in infernum viventes.

Ego Aelfeagus Wintoniensis ecclesiae episcopus illius loci adauctores Jesu Christo consignavi, invasores nempe aeternis cruciatibus tradidi, dicens: Non sit illis pax, non misericordia, non pietas, sed terror infernorum, crudelitas paenarum, impietas cruciatuum.

Ego Aescwius episcopus Dorcensis ecclesiae haec adjeci: Erubescant destructores praesentis loci, et conturbentur in saeculum saeculi et confundantur et pereant, benefactores autem in aeternum vivant.

Ego Adulfus praesul Herefordensis ecclesiae hoc idem haec dicens affirmavi: Maledicti sint raptores illius sanctae ecclesiae in omnibus operibus suis et in omnibus viis suis et in cunctis adiuventionibus suis pravis, benefactores vero a deo benedicantur.

2 assumere W. 13 eritque d. 16 Oswaldus W. 20 Elfstanus d: Athelstanus W. 24 Elfagus d: Alphegus W. 29 Escwius d: Aswius W. Dorecens. d: Dorocens. W. 33 Adulphus W.

Ego Athelsinus episcopus Sciréburnensis ecclesiae supradicta sic conclusi: Quicumque inferior vel sublimior contra hunc libellum quicquam sinistrum audere praesumpserit, vivus ad inferos arreptus inter omnia perpetua mala in perpetuum damnetur.

Anno ab incarnatione domini nongentesimo quinquagesimo nono, imperii autem gloriosi regis Edgari quarto, ego Alredus abbas hanc schedulam scripsi, kalendis Aprilis, episcopo Dunstano rogante, quam idem episcopus Londoniensis et Wigornensis, necnon et totius Angliae decanus, super altare beati Petri in eadem ecclesia, quae manibus angelicis consecrata dinoscitur, obtulit, atque ibidem in aevum propter iniquitates simultationesque futurorum, atque inopinata mala quae saepe praedicebat futura, eam servari ad defensionem loci praecepit: indictione vero secunda.

XI. From the Second Charter of St Edward. Cf. 'Domesday' f. 42 *b*.

Capitulum undecimum. In charta sancti Edwardi quae dicitur secunda sic habetur.

In nomine sanctae et individuae trinitatis. ego Edwardus dei gratia Anglorum rex, futuris post me regibus, episcopis, etc. cum piae voluntatis desiderium. et infra:

Quapropter noverit praesentium futurorumque universitas quod fidelissimus noster Wlnothus abbas et monachi monasterii ter beati apostolorum principis Petri peculiaris patroni nostri adierunt serenitatem nostram humiliter obsecrantes. et infra:

Igitur fidelium nostrorum atque palatinorum usi consilio, et hoc prospicientes ipsi ecclesiae et habitantibus in ea sive pertinentibus ad eam utile fore, non solum in praesenti sed et in futuro, regum qui fuerunt ante nos decreta, sed et sancti Dunstani privilegium, et Anglicorum episcoporum seu Romanorum apostolicorum privilegia sancti et egregii apostoli Petri monasterio indulta, per hanc praeceptionis nostrae paginam decernimus in perpetuum servanda; et ut sine ulla perturbatione vel inquietudine episcopi Londoniensis clericorumve ejus fratres ibidem omnipotenti deo valeant famulari, et pro nobis ipsis et stabilitate regni nostri attentius deprecari, omnino generales eorum accessus ad monasterium prohibemus

1 Schireb. d: Shireb. W. 6 dccc^{mo} l^{mo} ix^{no} d. 22 Wulnotus W. 23 ter] *om.* dW: *sed add. supra lin.* d. Petri *post* beati W. 36 ad] +dictum d (but cancelled later).

fieri et communes stationes ab eisdem, ne inde prava consuetudo surrepat aliquando, in eodem saepefato monasterio celebrari; qualiter sicut est in ejus monasterii privilegiis constitutum in perpetuis temporibus maneat inviolatum. si quis autem contra hanc praeceptionis et auctoritatis nostrae paginam senserit, quicumque ille fuerit, cujuscumque nominis et honoris, aetatis et potestatis, gradus et ordinis, et eam vel in magno vel in minimo infringere voluerit; et id quod cupit non efficiat, et ad aerarium nostrae domus duodecim libras ex auro purissimo coactus addat, et insuper reus majestatis habeatur et profanus ab omnibus nisi satis pro emendatione fecerit computetur.

Bull of Pope John. (Cf. p. 51, l. 7.)

Bulla Johannis papae missa regi Edgaro Angliae.

Johannes episcopus urbis Romae servus servorum dei domino excellentissimo Edgaro filio suo regi Anglorum salutem et apostolicam benedictionem. quia litteris tuae celsitudinis, fili carissime, nobis innotuisti de monasterio sancti Petri specialis patroni tui, quod ab antiquis Angliae regibus a potestate Londoniensis sedis episcopi cum consilio pontificum ejusdem patriae fuerit ereptum, et abhinc sub regimine regum vel clarissimorum abbatum semper dispositum; et postulasti a nobis ut privilegium episcoporum de eodem monasterio factum nostro privilegio, immo magis apostolorum principis roboraremus auctoritate, libentissime secundum tuae benevolentiae petitionem facimus. auctoritate siquidem beati Petri apostolorum principis, qui potestatem ligandi atque solvendi a domino accepit, cujusque nos vicarii existimus, stabilimus ut ipse locus, regum praeceptis et privilegiis apostolicis fultus, per omnia tempora sine repetitione cujuscumque Londinicae urbis episcopi aut alicujus judiciariae potestatis vel cujuscumque praepotentis hominis, cujuscumque ordinis vel dignitatis sit, semper sicut praeoptat et expetit tua benevolentia ratus futuro tempore permaneat. venerabiles igitur ejusdem loci fratres idoneos ex se vel ex quacunque voluerint congregatione abbates sive decanos sibi per successiones eligendi ex auctoritate hujus sanctae Romanae sedis et nostra sicut postulastis amplius habeant potestatem, et ne impediantur auctoritate apostolica

5 et auctoritatis] added later in d. 10 reus] + regis added later in d (*om.* Ch.). 20 et] *om.* W. 33 qua d *corr.* W. 34 successores W. 35 et] *om.* d: ins. d *corr.*

prohibemus, neque per violentiam extranea persona introducatur, nisi quam omnis concors congregatio elegerit. praeterea illi loco quicquid contuleris vel collatum est vel conferetur divina auctoritate et nostra roboramus. privilegia vero possessionum et dignitatum carissimi fratris nostri venerabilis Dunstani aliorumque fidelium ibidem indulta, necnon et privilegia nostra ad honorem dei pertinentia quae ibi instituere volueris gratanti affectu annuimus, confirmamus et confirmando in perpetuum rata inviolataque stare decernimus; et infractores eorum aeterna maledictione damnamus, observatores autem hujus firmitatis gratiam et misericordiam a deo consequi mereantur. causa igitur infractionis nostri privilegii ad posteros nostros perveniat. datum Ravennae ix kalendas Februarii.

Bullas vero Nicholai papae ac Innocentii secundi, pro exemptione et jurisdictione Westmonasterii, vide supra capitulo septimo.

XII. From the Sentence of Stephen Langton (1222).

Capitulum duodecimum. Ex sententia lata per Stephanum Cantuariensem archiepiscopum et sanctae Romanae ecclesiae cardinalem habetur sic.

Cf. 'Domesd.' f. 664 *b*.

Universis sanctae matris ecclesiae filiis. et infra:

Cum inter virum venerabilem Eustachium Londoniensem episcopum. et infra:

Considerantes ex hujusmodi dissensionibus et schismatibus multa imminere pericula, et ex amicabili super eisdem componere tam temporale commodum quam salutem animarum posse provenire, auditis utriusque partis instrumentis et rationibus plenius intellectis, habito super his abundanti jurisperitorum consilio, monasterium Westmonasteriense, abbatem et conventum ab omnibus praemissis articulis contra eosdem propositis finaliter declaravimus penitus absolutos. ita quod monasterium de Westmonasterio cum toto ambitu suo et ecclesia sanctae Margaretae cum tota parochia sua, cum omnibus capellis infra parochiam praedictam contentis, cum decimis et omnibus pertinentiis suis, cum clericis et laicis in ea habitantibus, ab omni praelatione et jurisdictione Londoniensis ecclesiae sint modis omnibus libera in perpetuum et exempta, et sacrosanctae

Exemption from the jurisdiction of the Bp of London.

11 domino d. 21 Eustachium] + dei gratia Ch. d.
30 propoitis Ch.; propoïtis d.

Romanae ecclesiae sine omni exceptione nullo mediante subjecta praeterea non licebit episcopo Londoniensi vel ejus successoribus vel eorum officialibus ad synodum vel capitulum abbatem vel monachos sive personas regulares vel seculares clericos vel laicos vocare infra terminos dictae parochiae commorantes, nec in magno nec in minimo quoquomodo de ipsis intromittere. sed abbas qui pro tempore fuerit infra ambitum dicti monasterii et dictae parochiae per se vel per officiales suos tam in clericos quam in laicos libere suam exerceat jurisdictionem, deo et ecclesiae Romanae super cura animarum infra limites praefatae parochiae contentarum et jurisdictione sua tantummodo responsurus. benedictiones etiam abbatum, dedicationes ecclesiarum et capellarum infra limites saepedictae parochiae constructarum et in posterum construendarum, consecrationes altarium, ordinationes monachorum et clericorum secularium, et confirmationes puerorum dictae parochiae, oleum etiam et chrisma et siqua similia sunt sacramenta, ubicumque et a quocumque voluerint episcopo recipient absque omni Londoniensis ecclesiae contradictione. et si futuris temporibus contigerit dictos abbatem vel monachos, clericos vel laicos, a dictis episcopo et capitulo ordines vel aliquod munus spirituale accipere, vel dictis episcopo et capitulo per simplicitatem vel liberalitatem aliquo modo aliquam honorificentiam exhibere, vel ad synodum episcopi vel capitulum sancti Pauli pro necessitate monasterii sui vel quacumque occasione accedere, vel episcopum ad monasterium Westmonasteriense quocumque casu accessum habere, nullum ex his libertati monachorum vel parochianorum praescriptorum praejudicium generetur; sed modis omnibus liberi in perpetuum permaneant et exempti.

Boundaries of St Margaret's parish.

ne vero super limitibus dictae parochiae sanctae Margaretae quaestio possit suboriri, limites ejusdem parochiae praesenti scripto duximus declarandos. incipit igitur parochia sanctae Margaretae ab aqua de Tyburne decurrente in Tamisiam ex una parte, et ex altera sicut strata regia se extendit versus Londoniam usque ad gardinum hospitalis sancti Egidii: et exinde secundum quod via extra idem gardinum protenditur usque ad metas dividentes Mersland et parochiam sancti Egidii: et sic exinde secundum divisionem gardinorum Tholy et monachorum Westmonasteriensium et hortorum usque ad

11 sue d W. 22 per] *om.* d W. 29 liminibus d. 32 ab] sub W. Tyburne d W. 33 Tham. d W (throughout). 37 Tholi d W.

domum Simonis textoris, salva quaestione monachorum Westmonasteriensium super terra a domo illius Simonis usque ad capellam juxta ecclesiam Innocentum: et a domo ejusdem Simonis secundum quod strata regia se extendit versus Westmonasterium usque ad rivulum de Ulebrigg decurrentem in Thamisiam: et sic quicquid Thamisia ex una parte et dictis terminis continetur ad parochiam sanctae Margaretae pertinet, excepta ecclesia et cimiterio sancti Martini: extra vero suprascriptas metas villa de Cnictebrigge, Westeburn, Padintun cum capella et cum earum pertinentiis pertinent ad parochiam sanctae Margaretae memoratam, etc.

Summary of foregoing documents. Lucius, A.D. 184. Ambrosius, A.D. 488. Sebert, A.D. 604. Offa, A.D. 704. Edgar, A.D. 948.

Ex praedictis patet prima fundatio gratiosa hujus loci Westmonasteriensis a tempore Lucii primi regis Britonum Christiani, anno Christi clxxxiv°: reparatio per regem Britonum Aurelium Ambrosium, anno cccclxxxviii°: renovatio coenobii ibidem gloriosa per Sebertum regem Orientalium Saxonum, anno dciv°: dedicatio miraculosa praefati loci a beato Petro in sui nominis honore angelis ei ministrantibus, anno eodem nocte dominica xi kalendas Aprilis: ampliatio praediosa praefati loci per Offam regem Merciorum, anno dcciv°: reformatio virtuosa monasterii ibidem per regem Edgarum et sanctum Dunstanum, anno dccccxlviii°: restauratio copiosa veteris monasterii cum aedificatione ecclesiae praedictae de novo per sanctum regem et confessorem Christi Edwardum, anno ml°: inchoatio sumptuosa novi operis ibidem, ut hodie cernitur, a glorioso rege Henrico tertio, anno mccxlv°.

This place is head of England and crown of the realm. The attacks made upon it must be met by documents.

Nunc ergo quia locus iste a tantis nobilibus et sanctis viris, ut praedicitur, dedicatur, honoratur et dotatur, insuper libertatibus, dignitatibus et privilegiis roboratur; et quia ex primitiva fundatione locus iste est regiae consecrationis, regum sepultura, repositoriumque regalium insignium; caput Angliae merito diademaque regni ab antiquo nominatur. sed quia praefatum locum nonnulli, invidia suadente diabolica, sinistris assertionibus ut superius annotatur denigrare laborant, his ideo non vanis fabulis obviandum esse, sed magis fidelissimis re-

1 Symonis W (throughout). 3 juxta] *om.* W. ecclesie W. 5 Ulebrig d W. decurrenti W. 8 supradictas d W. 9 Knytebrigg d: Knyghtebrigge W. Westburne d W. Padington d: Padyngton W. 13 Christianum W. 14 Aurelium Ambrosianum Sp.: *qu.* Ambrosium Aurelianum. 24 *om.* ibidem Sp. 34 fidissimis W.

lationibus, chronicis approbatis, chartis regum, bullisque summorum pontificum puto resistendum; atque sic istius ecclesiae fundationem, dedicationem, antiquitatem, dignitatem et libertatem, exemptionem, jurisdictionem, ordinariamque potestatem, ex indissolubili munimentorum praedictorum testimonio elicere, ut non se gaudeat contra veritatem falsitas seu adversus aequitatem iniquitas praevalere.

XIII. The tithe of salmon

Capitulum tredecimum. Qualiter de jure et antiqua consuetudine decimatio salmonum pertinet ecclesiae Westmonasteriensi a dedicatione ejusdem per beatum Petrum apostolum.

dates from St Peter's dedication: (Cf. pp. 38, 45.)

Quia in dedicatione hujus ecclesiae superius fit mentio de pisce esicio, qui alio nomine salmo vulgariter appellatur; est sciendum quod decimatio salmonum, qui infra certos limites et terminos Thamensis fluvii capiuntur, a dedicatione hujus sancti loci Westmonasterii perhibentur eidem de jure et consuetudine antiqua pertinuisse et omnino pertinere debere, prout patet evidenter superius capitulis secundo et quinto. unde ad majorem rei evidentiam et futurorum ampliorem notitiam, quorumdam testium nomina veridicorum, qui decimas salmonum frequenter oblatas iam viderant, non piget annotare.

attested by John Wrattyng, prior (from 1382 to 1407); R. Cirencester (†1400), W. Litlyngton (†c. 1400), J. Breynt (c. 1373—1418), J. London (†c. 1429), Ra. Tonworth (†c. 1420), R. Hermondesworth (†c. 1418), A.D. 1380.

Venerabilis igitur memoriae frater Johannes Wrattyng, prior Westmonasterii, asseruit se vidisse temporibus suis xxiv et eo amplius salmones decimales ad magnum altare diversis vicibus oblatos; ita quod aliquando tres in una die se meminit vidisse. frater Ricardus Circestre, primus senior, affirmavit se vidisse xx salmones, et potius plures quam pauciores. frater Willelmus Litillyngton camerarius protestatus est se vidisse xii salmones oblatos; ita quod in una ebdomada duos se vidisse dixisset. frater Johannes Breynt coquinarius firmiter astruxit se vidisse diebus suis octo, e quibus quinque vidit oblatos ipso anno quo suscepit habitum monachalem. frater Johannes Londoniensis, custos feretri sancti Edwardi, confessus est se vidisse tres. frater Radulphus Tunworth vestiarius et frater Robertus Hermondesworthe astruxerunt se vidisse iv, temporibus fratris Johannis Fernago refectorarii et fratris Petri Combe coquinarii, sub anno domini mccclxxx°.

14 quod] ut W. 28 Lytillynton Sp.

De his etiam testimonium perhibent non solum vicini nostri seculares famosi litterati et laici, sed quam plures adventantes extranei ad parliamentum milites et magnates, quorum nomina singulorum placeret hic inscribere, si non legentibus aliquid superfluum fieri aut audientibus fastidium generari videretur. unum tamen ad majorem evidentiam futurorum hic inscribam,

Mar. 4, A.D. 1383. Testimony of fishermen.

quod anno domini mccclxxxii^{o}, tempore regis Ricardi ii^{i} sexto, iv^{o} nonas Martii, tempore parliamenti tenti apud Westmonasterium, oblatus fuit unus salmo grandis ad magnum altare beati Petri Westmonasteriensis per piscatores infrascriptos, videlicet Ricardum Halle, Johannem Elyot, Thomam Cook et Willelmum Newton; quorum magister fuit Gilbertus civis et piscarius Londoniensis, commorans in veteri piscaria; et ipsi servientes ejus fuerunt per decem annos elapsos et amplius; et fatebantur se obtulisse ad altare sancti Petri Westmonasteriensis decimas salmonum bene et fideliter per dictos decem annos, videlicet sex salmones decimales, unde tres in una obtulerunt septimana. et praedictus Ricardus Halle, senior omnium, ut puto, sexagenarius aetate, requisitus fuit a fratre Johanne de Fernago tunc refectorario de finibus sive limitibus aquae Thamensis, infra quos de jure moderno et consuetudine antiqua deberent ecclesiae praedictae salmones decimari: qui jurejurando asseruit coram sociis suis praenominatis, in praesentia multorum ejusdem loci monachorum et secularium, dicens se a patre suo edoctum fuisse, et in praeceptis specialiter accepisse, ut salmonum decimationem ecclesiae sancti Petri Westmonasteriensis, in signum dedicationis ejusdem per sanctum Petrum, bene et fideliter et sine fraude semper offerrent a ponte de Stanes usque ad Yenlade ultra Gravesende, per totam Thamisiam infra limites praedictos. et hoc etiam affirmarunt ejusdem piscatoris socii praenominati, se a patribus suis tale praeceptum habuisse.

From the Customary, pt. IV, c. 8.

Qualiter fiet de antiqua consuetudine ecclesiae praedictae piscatoribus pro salmone oblato patet in libro Consuetudinarii iv^{a} parte, capitulo viii^{o}, titulo Coquinarii.

Rewards for offering the salmon.

Si contingat quod aliquis piscator in coquinam pro decima sua salmonem sancti Petri prius ad magnum altare oblatum ferat, cum idem piscis exenteratus fuerit, sacrista pro candela

3 magnati W Sp. 7 *fors. scribendum* anno regni regis Ricardi secundi sexto. 11, 18 Hale W.

unius librae quam donare tenetur piscatori, vel pro candelis de duabus dimidiis libris quas donabit duobus sociis suis, si fuerint, habebit dimidium caput hujus piscis et de sequenti medietate sub brancia quantum latitudinis tres digiti vel ala piscis amplectitur extendendo. iste piscis cum fuerit coctus debet in parapside per medium refectorii usque ad mensam deferri, cui debet prior et omnes residentes in illa domo assurgere. piscatores etiam ad mensam prioris eodem die debent comedere, et post prandium de celerario justam et panem habere. et ideo debet idem celerarius de cauda ejusdem piscis quantum iv digiti cum pollice erecto capere possunt habere.

Composition of A.D. 1231. Cf. 'Domesday' f. 404*b*.

Sequitur quaedam compositio de decimatione salmonum facta per quosdam judices delegatos ex mandato Gregorii papae.

Universis sanctae matris ecclesiae filiis praesens scriptum inspecturis R. et R. de sancto Albano et de Dunstaple priores et archidiaconus de sancto Albano salutem in domino. Mandatum domini papae suscepimus in haec verba:

Commission of Pope Gregory IX regarding the rectors of Wandsworth, Battersea and Chelsea.

Gregorius episcopus, servus servorum dei, dilectis filiis de sancto Albano et de Dunstaple prioribus, archidiacono de sancto Albano Lincolniensis dioceseos, salutem et apostolicam benedictionem. Dilecti filii, abbas et conventus Westmonasterii, nobis conquerendo monstrarunt quod de Wendesworthe et de Batricheseye et Chelchith ecclesiarum rectores et alii quidam Wintoniensis, Londoniensis et Lincolniensis diocesium, super decimis et possessionibus et rebus aliis injuriantur eisdem. quocirca discretioni vestrae per apostolica scripta mandamus quatenus, partibus praedictis convocatis, audiatis causam et appellatione remota fine debito terminetis; facientes quod statueritis per censuram ecclesiasticam firmiter observari. testes autem qui fuerint nominati, si se gratia, odio vel timore subtraxerint, per censuram eandem cessante appellatione cogatis veritati testimonium perhibere. quod si non omnes his exsequendis potueritis interesse, duo vestrum eo nihilominus exsequantur. datum Laterani, tertio kalendas Julii, pontificatus nostri anno iv°.

29 June, 1230.

1 donari W Sp. 8 eo W. 12 habere] obtinere Sp. 24 Wendleswrth d. 25 Chileye d. 29 praedictis] *om.* d. 32 fuerunt W.

Martin, rector of Rotherhithe, has prevented his parishioners from paying the tithe of salmon to the Abbey.

He is to have half, and the Abbey half.

Hujus igitur auctoritate mandati partibus coram nobis in judicio constitutis, abbas et conventus Westmonasterii contra dominum Martinum, ecclesiam de Retherhithe tunc regentem, proposuerunt quod idem M. dictos abbatem et conventum de decimis salmonum captorum in parochia de Retherhithe, praetermisso juris ordine, spoliavit, praedictas decimas a praedictis parochianis dictae ecclesiae extorquendo, et per subtractionem divinorum inhibendo ne dictis abbati et conventui decimas solverent memoratas. unde petierunt dictas decimas sibi restitui, et possessionem suam sibi integre reformari; nihilominus petentes eidem M. super petitione dictarum decimarum perpetuum silentium imponi, et ab eodem sibi sufficientem cautionem praestari, quod in posterum nullatenus parochianis dictae ecclesiae inhibebit ne dictis abbati et conventui decimas solvant saepedictas. post multas vero ex utraque parte allegationes tandem lis inter eos mota sub hac forma pacis amicabiliter conquievit: videlicet quod dicti abbas et conventus Westmonasterii medietatem decimarum omnium salmonum in posterum in dicta parochia de Retherhithe capiendorum sine contradictione aut reclamatione alicujus percipiant; dictus vero M. aliam medietatem decimarum salmonum in dicta parochia de cetero capiendorum percipiet. ad hanc vero compositionem fideliter observandam sacrista Westmonasterii pro abbate et conventu ejusdem loci et praedictus M. pro se ipso affidaverunt. nos vero paci et tranquillitati utriusque partis intendentes et providentes ad dictarum partium instantiam jurisdictionem nostram ad plenum reservavimus, ut liceat nobis, si qua partium a compositione praedicta in posterum resilire voluerit, eam per censuram ecclesiasticam ad dictae compositionis observantiam appellatione remota compellere. in cujus rei testimonium ad instantiam dictarum partium huic scripto sigilla nostra apposuimus. actum anno domini mccxxxi°, mense Septembris.

From Giraldus Cambrensis *Topographica Hibernica* (Rolls Series v 125).

Geroldus in historia Hibernorum capitulo xli° dicit quod salmo a saliendo naturaliter nomen accepit, prout inferius patet.

3 Retherey d. 4 de] *om.* d. 5 Retheree d. 6 praedictis] *om.* d. 9 predictas d. 19 Retheree d. accipiendarum W. 33 Septembri d.

In australi Momonia, inter collem sancti Brandani et mare spatiosum quod Hispaniam interluit et Hiberniam, est locus quidam non modicus, uno ex latere fluvio piscoso, altero vero quodam rivulo interclusus, qui ob reverentiam sancti Brandani aliorumque loci illius sanctorum non tantum hominibus et pecoribus, verum etiam ipsis feris tam advenis quam indigenis refugium praestat inauditum, etc. ex altero loci praedicti latere fluvius illabitur piscosissimus et praecipue salmonibus ad miraculum usque fecundissimus, etc. fluvius iste nativam quandam rupem transfluit et transcurrit, ubi cum impetu magno ab alto, ut assolet, ad ima descendit. in summitate rupis istius est modica quaedam concavitas sanctorum virorum manibus olim exsculpta, ad quam salmones abundanti copia ab imis ad summa, quantum hastae longissimae est altitudo, saltu mirabili transferuntur, et, nisi piscis proprietas hoc exigeret, miraculo foret intuentibus. hoc etenim piscium genus saltum appetit ex natura: unde et a saltu salmo nomen accepit. modus autem saliendi et proprietas haec est. pisces hujusmodi naturaliter aquae cursum contranituntur, cumque obstaculum inveniunt valde praeruptum, caudam ad os replicant, interdum etiam ad majorem saltus efficaciam caudam ipsam ore comprimunt; dumque a circulo hujuscemodi se subito resolvunt, impetu quodam, tanquam subita virgae circulatae explicatione, se ab imis ad alta cum intuentium admiratione longe transmittunt. similis hujus piscis saltus in aliis fluviis reperitur, sed non tantus.

XIV. Of the Relics.

Capitulum quartum decimum: De reliquiis. Opus breviter compilatum de diversis reliquiis huic ecclesiae collatis per reges et principes alios quoque nobiles: necnon de beneficiis spiritualibus et indulgentiis eisdem concessis.

Vere locus iste beatus in quo, ut praedicitur capitulis primo et quinto, subverso Apollinis templo in honore beati Petri apostoli sumptibus Seberti regis orientalium Saxonum ecclesia

1 Brend. Gi (*et infra*). 4 rivulo quodam inclusus Gi. 7 etc.] 14 lines omitted. 9 etc.] 13 lines omitted. nativum quendam W. 13 abundanti]+in Gi. 14 summam W. 15 *om.* piscis W. 16 miraculoso (*om.* foret intuentibus) Gi. 19 *om.* naturaliter W. contra nitentes; sicut enim avibus contra flatus, sic et piscibus contra fluctus mos est eniti; cum Gi. 20 preruptim W. 25 saltus in aliis fluviis] in Avenliphensi fluvio non procul a Dublinia saltus Gi. 27 reliquiis]+etc. Sp.

fabricata est, quam idem caeli claviger in spiritu dedicavit. ad quem locum reges et principes alii quoque nobiles plura sanctorum corpora et reliquias pretiosas procurarunt et adhuc offerre non cessant, quatenus sanctis ad gloriam, procurantibus ad praemium, ecclesiae huic ad honorem, et populo concurrenti ad devotionem et indulgentiam proficiant. unde ut recens memoria de dictis reliquiis eorumque datoribus in praesenti monasterio Westmonasterii semper habeatur, quales et quorum reliquiae sanctorum, insuper quorum oblationibus huic monasterio collatae sunt, in sequentibus dignum credimus memorari. et primo:

Relics of the Saviour;

De reliquiis salvatoris. rex *Sebertus* quondam reparator hujus loci contulit reliquias de stramine quondam in praesepio Christi, partes de cruce et de sepulcro ejus. *Athelstanus* rex, de cruce et de sepulcro domini, et de montibus Oliveti et Sinai. *Ethelredus* rex, de sepulcro et sigillo sepulcri domini, de montibus Thabor, Calvariae et Oliveti, de loco ubi lavit dominus discipulorum pedes, de templo, et de rubigine cultelli domini, de fragmentis quando pavit quinque milia hominum, de myrrha et aloes quibus fuit unctus in sepulcro. sanctus *Edwardus* rex et confessor obtulit de loco ubi natus fuit Christus, de praesepio et de cunabulis ejus, de thure oblato domino, de mensa domini, de pane quem benedixit, de sede ubi praesentatus est in templo, de quarenta ubi jejunavit, de carcere ubi erat inclusus, magnam partem sanctae crucis in quadam cruce bene ornata et cognita cum multis aliis partibus ejusdem. dedit etiam crucem natantem, quae contra fluctum maris et ventum eidem regi de Normannia revertenti apparuit, et ab eo capta est; et magnam partem unius clavi, partem tunicae domini inconsutilis, de spongea, lancea et corrigea quibus cruciatus fuit, de sepulcro et lapide supposito capiti ejus, de montibus Golgotha et Calvariae. rex *Henricus tertius* contulit sanguinem de latere Christi, missum de Jerusalem eidem per patriarcham Robertum; item spinam de corona Christi, et lapidem de impressione pedis Christi caelos ascendentis, item magnam partem sanguinis de miraculo.

Cf. p. 19, l. 27

of the Blessed Virgin;

De reliquiis beatae virginis Mariae. Sanctus *Edwardus* rex et confessor contulit plures partes de vestimentis beatae virginis Mariae, de linteo quod ipsa texuit, de fenestra in qua stetit

6 ut] et Sp.

angelus quando illam salutavit, de lacte, de capillis, de calciamentis et de lecto ejus; item zonam quam ipsa propriis manibus operata est et utebatur, atque sancto Thomae apostolo in assumptione sua dimisit. rex *Athelstanus* dedit quoddam velamen sanctae Mariae virginis. *Offa* rex orientalium Saxonum cypressum et de sepulcro ejus. sanctus *Thomas Cantuariensis* archiepiscopus obtulit sancto Edwardo imaginem beatae virginis eburneam, pulchram nimis et sibi specialissimam.

of the Apostles;

De reliquiis sanctorum apostolorum. de dono regis *Seberti* plures partes cerae et incensi a beato Petro apostolo consecratorum nocte dominica in dedicatione hujus loci per eundem apostolum, et de vestimentis xii apostolorum. *Athelstanus* rex dedit reliquias apostolorum Petri, Bartholomaei, Andreae, Barnabae. sanctus *Edwardus* rex et confessor contulit pilos de barba sancti Petri et partem crucis ejus, maniphoram sancti Pauli, videlicet quoddam velamen quo caput ejus truncatum erat involutum, et unum digitum et sanguinem ejusdem apostoli, plura ossa sancti Andreae et partem de cruce illius, quoddam os sancti Jacobi majoris, et reliquias apostolorum Philippi et Jacobi, brachia sanctorum apostolorum Bartholomaei et Thomae, cum aliis reliquiis apostolorum Barnabae, Matthaei, et Matthiae. domina *Matildis*, bona regina, obtulit reliquias de casula et de vestibus sancti Johannis evangelistae.

of Martyrs;

Reliquiae sanctorum martyrum. *Adelstanus* rex concessit reliquias sanctorum martyrum Laurentii, Hippolyti, Tiburtii, Valeriani, Quintini, cum aliis. rex *Edgarus* dedit lapides quibus sanctus Stephanus lapidatus fuit, et quaedam ossa cum sanguine ejusdem; tibiam unam cum costis et aliis minutis ossibus sanctorum Innocentium; item duas costas et terram infectam sanguine sancti Laurentii, tres costas sancti Hippolyti, dentes sanctorum Magni et Symphoriani, cum cruce sancti Felicis; item reliquias sancti Georgii et Sebastiani cum aliis x, item reliquias sancti Johannis baptistae et patris ac matris ejusdem, et reliquias sanctorum Johannis et Pauli, brachium sancti Vincentii martyris. *Ethelredus* rex dedit reliquias sanctorum Basilidis, Cirini, Naboris et Nazerii, cum aliis quindecim. rex *Cnucto* contulit brachium sancti Ciriaci et reliquias sancti Edwardi regis et martyris, unum digitum sancti Alphegi et alium sancti Georgii cum aliis ossibus ejusdem. rex *Offa* dedit

16 quod W Sp.

unum dentem sancti Erasmi et digitum sancti Bonefacii, unum pannum quo involutum fuit corpus sancti Albani, una cum reliquiis sancti Amphibali; item caput cum faucibus, dentibus, scapulis, et aliis minutis ossibus cujusdam sancti incogniti. rex *Willelmus conquestor* procuravit reliquias sancti Dionysii, unum dentem sancti Nigasii, cum reliquiis sanctorum Eustachii et Rumbaldi. rex *Henricus tertius* dedit reliquias de cilicio, pellicio supellectili et aliis vestibus, cum uno pectine eburneo et sanguine archiepiscopi Cantuariensis; item plures crustas de capite sancti Christophori, item caput sancti Mauricii martyris. dominus *Simon* quondam abbas de Bury dedit partem de camisia cum aliis reliquiis sancti Edmundi regis et martyris. dominus *Ricardus de Berkyng* obtulit brachia sanctorum Felicis et Vitalis martyrum de Thebeia legione. *Petrus de Graecia* contulit brachia sancti Seri martyris de Constantinopoli.

of Confessors;

Reliquiae sanctorum confessorum. rex *Sebertus* dedit reliquias sanctorum confessorum Antonii, Lazari, Nicodemi cum aliis. *Edgarus* rex contulit duas tibias cum aliis ossibus sancti Ethelwoldi Lindisfarnensis episcopi, cum aliis reliquiis multis sine titulis; item brachium sancti Gregorii papae, et unum os de scapula sancti Benedicti abbatis. sanctus *Edwardus* rex et confessor ad memoriam futurorum et pro dignitate regiae coronationis omnia regalia ornamenta in ecclesia hac reservari praecepit, cum quibus ipse coronatus fuit; videlicet tunicam, supertunicam, armillam bonam, pallium brudatum, par caligarum, par cerothecarum, sceptrum aureum, unam virgam ligneam deauratam, alteram ferream, item coronam auream optimam, unum pectinem aureum et coclear; item pro coronatione reginae coronam bonam et duas virgas; item pro communione domini regis in die coronationis unum calicem lapidis onychini cum pede, ligaturis et patena de auro optimo; quae omnia pro reliquiis pretiosis habeantur. dominus *Laurentius* quondam abbas hujus loci de tribus pannis, in quibus idem sanctus requievit in sepulcro, tres capas brudatas fieri jussit: sed et anulo ejusdem, quem sancto Johanni evangelistae quondam tradidit, quem et ipse de paradiso remisit elapsis annis duobus et dimidio, postea in nocte translationis de digito regio

Cf. pp. 19 f.

14 Thebeia] Sp.: Thebey W. 28 ligneam *ante* virgam Sp.
30 *om.* bonam Sp. 37 *om.* annis Sp.

tulit, et pro miraculo in loco isto custodiri jussit. contulit etiam sanctus *Edwardus* majorem partem corporis sancti Botulphi abbatis cum una cuculla et aliis reliquiis ejusdem, item caput et peram cum baculo eburneo sancti Audoeni episcopi, et reliquias sanctorum Egidii, Hieronymi, Ethelwoldi, Erkenwoldi, Theodorici et multorum aliorum. rex *Henricus tertius* obtulit reliquias sancti Leonardi, brachium sancti Silvestri et unum dentem sancti Athanasii. rex *Edwardus primus* post conquestum dedit unum magnum os de tibia sancti Leonardi abbatis; item togellam intinctam sanguine sancti Edmundi episcopi et confessoris, et cultellum cum quo evisceratus fuerat, una cum mitra, cerothecis, pectine eburneo, cum aliis reliquiis ejusdem. domina *Alianora* regina dedit digitum sancti Nicholai episcopi et confessoris, cum aliis ossibus et oleo de tumba ejusdem. *prior* quidam sancti Swithuni *Wintoniae* obtulit juncturam unius digiti, cum dente et aliis reliquiis ejusdem sancti. dominus rex *Edwardus tertius*, flos totius militiae Christianae, obtulit sancto Edwardo caput beati Benedicti abbatis, ii kalendas Julii, anno domini mccclv°.

and of Virgins.

Reliquiae sanctarum virginum. *Sebertus* rex dedit reliquias sanctarum Theclae, Petronillae et Helenae. *Adelstanus* rex reliquias Batildis, Martinae et aliarum. *Ethelredus* rex obtulit reliquias sanctarum virginum Edithae, Wilfridae, Cutburgae, Priscae, Christinae, Ethelburgae, Marcellianae, Aldegundis, Agnetis, Dariae, Crizantis et aliarum. sanctus *Edwardus* dedit caput sanctae Margaretae cum aliis ossibus, et de vestibus ejusdem; item oleum de tumba sanctae Katherinae, et reliquias sanctarum Ceciliae, Theclae, et medietatem unius faucis cum tribus dentibus sanctae Anastasiae. *Emma* regina, mater sancti Edwardi, dedit camisiam sanctae Agathae, digitum sanctae Brigidae, cum reliquiis sanctarum Perpetuae et Felicitatis; item crustas de capite sanctae Mariae Egyptiacae, item partem capitis, maxillae, et brachii cum aliis reliquiis sanctae Helenae. *Matildis* bona regina contulit magnam partem capillorum cum una zona nigra texta litteris aureis, continentibus antiphona 'Nesciens mater' et orationem 'Deus qui salutis,' et cum duobus anulis et forcipe sanctae Mariae Magdalenae, et uno osse sanctae Christinae virginis. dominus *Edwardus primus* post conquestum obtulit unam costam sanctae Ceciliae

3 *om.* aliis Sp.

virginis, et partem olei de tumba sanctae Katherinae cum aliis reliquiis. dominus *Thomas* quondam *comes Lancastriae* dedit caput sanctae Ursulae cum aliis reliquiis ejusdem.

Et memorandum de reliquiis quingentis et pluribus inventis tam in feretris, brachiis et aliis jocalibus, sine titulis; praeter illas quae in diversis capellis hujus loci et etiam in crucibus reconduntur, de quibus inter alias praescriptas nulla fit mentio.

Regina *Elizabeth*, filia comitis Revers,

XV. Of the Indulgences.

Capitulum quindecimum sequitur de indulgentiis concessis benefactoribus Westmonasterii et habitantibus ibidem.

To Benefactors.

Omnibus vere paenitentibus et confessis, bona huic ecclesiae et habitantibus in ea facientibus seu procurantibus, quotienscumque quandocumque et ubicumque, xvii anni et ccc dies conceduntur et septimae partis criminalium remissio, omniumque beneficiorum spiritualium in hac eadem ecclesia et omnibus ecclesiis confederatis eidem, et in xxv aliis ecclesiis cathedralibus, participatio. illis etiam qui ad fabricam et alia opera hujus loci manus porrexerint adjutrices, sua dederint aut in extremis legaverint, xiii anni et v dies concessi: de quibus a domino papa Alexandro unus annus et xl dies, a domino papa Innocentio unus annus, a domino Octobono cardinali et legato xl dies. qui vero in die dedicationis hujus ecclesiae digne affuerint, viii anni cclxxxv dies: unde a domino papa Innocentio iv° xl dies, a domino Nicholao iv° papa unus annus xl dies.

To Worshippers.

Omnibus autem qui in solemniis diebus domini per annum et in festis beatae dei genetricis Mariae, necnon Johannis baptistae et omnium apostolorum, martyrum, confessorum, virginum et matronarum, quorum et quarum reliquiae in hoc monasterio habentur (de quibus supra capitulo de reliquiis plenius patet), et qui missis aliisque divinis officiis pia mente affuerint et interfuerint, xii anni nonaginta quinque dies: et infra octavas omnium festorum praedictorum cotidie iv anni ccxx dies. in martyrio quidem apostolorum Petri et Pauli et ad vincula xvii anni cxiii dies et remissio septimae partis criminalium ac tertiae partis minorum delictorum conceduntur, omniumque beneficiorum spiritualium hujus monasterii et omnium ecclesiarum

4 *om.* Et Sp. 8 Regina—Revers] *om.* Sp.: 11 lines left blank after this in W.

confederatarum eidem, necnon xxx aliarum ecclesiarum cathedralium, participatio. et credimus omnes digne accedentes in dictis festis praecipue et omnibus aliis diebus illa stipendia et promissa spiritualia assequi et mereri, ubi se promisit idem beatus Petrus in hoc loco precibus votisque fidelium affuturum et ex officio a domino sibi injuncto ligatos absolvere, absolutos suscipere, justificatisque a delictis caelos aperire etc., ut supra de benefactoribus, infra octavas dictorum festorum cotidie iv anni ccc dies et tertiae partis minorum peccatorum absolutio. in festo depositionis sancti Edwardi regis et confessoris nonis Januarii xix anni xcv dies; unde a domino papa Nicholao iv° unus annus xl dies, a domino papa Clemente iv° ii anni lxxx dies, cum participatione beneficiorum spiritualium ac septimae partis criminalium remissione, ut supra in festo apostolorum Petri et Pauli. in translatione sancti Edwardi regis et confessoris xix anni ciii dies, etc., ut supra in depositione ejusdem; a domino papa Nicholao iv° unus annus et xl dies, a domino Clemente papa iv° lxxx dies, a domino papa Innocentio iv° ccc dies. infra octavas et per quindenam utriusque festi praedicti v anni et c dies. in singulis diebus dominicis per anni circulum iv anni xxiii dies. in omnibus diebus Veneris vel sextis iii anni lxv dies et participatio omnium beneficiorum spiritualium in quinque episcopatibus tam in vita quam in morte in perpetuum. item omnibus et singulis diebus per annum ii anni cxc dies.

Visits to Relics,

Sequitur de indulgentiis ad reliquias. ad singulas reliquias hujus monasterii xv anni lxxxviii dies concessi sunt, et participatio omnium bonorum spiritualium quae fient in hoc eodem monasterio et omnibus ecclesiis confederatis eidem et in xix aliis locis cathedralibus. ad crucem dominicam per omnia sicut ad reliquias, cum remissione septimae partis criminalium. ad sanguinem de latere Christi xix anni cxc dies et participatio bonorum, ut supra ad crucem. ad clavum quondam fixum in cruce domini xiv anni lxxx dies etc., ut supra ad crucem. ad petram super quam stetit Christus in ascensione sua xii anni iii dies etc., ut supra ad crucem. ad zonam beatae Mariae virginis xi anni etc., ut supra ad crucem domini. ad crucem sancti Petri apostoli ii anni iii dies. ad anulum sancti Edwardi vi anni cccxl dies. ad capillos beatae virginis Mariae ii anni xxiii

7 justificatosque W Sp.

dies. ad caput sancti Mauricii, sancti Ethelbrithi et sanctae Ursulae martyrum dccxx dies. ad caput beati Benedicti abbatis xi anni xxx dies.

and to Altars.

Sequitur de indulgentiis concessis omnibus digne celebrantibus et audientibus missas ad altaria in monasterio Westmonasterii et benefactoribus eorum. ad magnum altare ibidem ii anni cc dies. ad altare sanctae crucis cclx dies. ad altare sanctae Trinitatis ccxl dies. in capella beatae Mariae ii anni c dies. in capella ejusdem ad ostium aquilonare ii anni xl dies. ad altare sancti Johannis baptistae iii anni cxlv dies. ad altare sancti Johannis evangelistae ii anni xxx dies. ad altare sancti Pauli apostoli ii anni xl dies. ad altare sancti Andreae apostoli ii anni xxx dies. ad altare sancti Thomae martyris ii anni xl dies. ad altare feretri sancti Edwardi iv anni cc dies. ad altare sancti Dunstani ii anni lxv dies. ad altare sancti Martini iii anni. ad altare sancti Nicholai iii anni lx dies. ad altare sancti Blasii iii anni xx dies. ad altare sancti Benedicti abbatis iii anni xxx dies. in capella sanctae Katerinae ii anni lx dies. in capella sanctae Annae ii anni. ad altare sanctae Helenae ii anni xxx dies.

Prayers at the Curfew.

Sequitur de indulgentiis concessis ad pulsationem ignitegii. omnibus vere confessis et contritis, qui ad dictam pulsationem flexis genibus devote dixerint 'Ave Maria,' vi anni ccxx dies.

Prayers for the Departed.

Item indulgentiae concessae orantibus devote pro defunctis. pro anima regis Seberti cxx dies. pro anima regis Henrici tertii v anni ccxl dies. pro anima regis Edwardi filii regis Henrici tertii, ut scribitur, cclxxiii anni cclv dies. pro anima Alianorae reginae v anni ccxv dies. pro anima Edmundi comitis Lancastriae dlx dies. pro anima Willelmi de Valencia comitis de Pembroke c dies. pro anima Johannis de Valencia filii ejusdem clx dies. pro anima domini Walteri de Wenlok, quondam abbatis hujus loci, et pro animabus fratrum Alexandri de Perschora, Philippi Bristwell, Hugonis Papworth, Willelmi Hasele, Ade de Londonia; et pro animabus omnium regum, reginarum aliorumque nobilium et omnium abbatum et fratrum hujus loci, parentum, amicorum, benefactorum eorum, ac fratrum et sororum eorum capituli; et pro animabus omnium in hoc monasterio quiescentium et omnium fidelium defunctorum devote oraverint, xxv anni cxx dies.

27 ccclv dies Sp.

[XVI.] The dignity of the Roman Church.

Licet ubique a Christi fidelibus sancta mater ecclesia dignis obsequiis honoretur ac debita devotione veneretur, maxime tamen ecclesia Romana, quae caput omnium dinoscitur ecclesiarum, dignitatis et honoris merito prae ceteris tenet principatum. unde scribit Gelasius papa dicens, Sancta Romana ecclesia nullis synodicis constitutis ceteris ecclesiis praelata est; sed evangelica voce domini salvatoris nostri primatum tenuit dicentis, Tu es Petrus et super hanc petram aedificabo ecclesiam meam. cui

Its consecration by SS. Peter and Paul.

sancto Petro data est societas beatissimi Pauli apostoli, qui non diverso sed uno tempore eodemque die in urbe Romana cum Petro sub Caesare Nerone agonizans coronatus est, et pariter praedictam Romanam ecclesiam Christo domino consecrarunt, ac ceteris urbibus universis sua corporali praesentia ac venerando

Westminster, the special child of Rome; consecrated by St Peter; the crown of England; (Cf. p. 49.) restored by St Edward.

triumpho praetulerunt. cujus filia specialis videlicet ecclesia Westmonasteriensis ab omnibus christicolis, et praecipue ab Anglorum populis, tanquam Romanae ecclesiae immediate subjecta digne meruit venerari, tum quia beatus Petrus caelorum regni claviger in spiritu dedicavit, tum quia regni Angliae exstitit corona, ut in bulla Innocentii secundi missa regi Henrico ii° scribitur in his verbis: Ea propter, fili venerande. et infra: Ecclesiam praefatam tanquam sanctae Romanae ecclesiae filiam specialem, quae tui regni exstat corona: ut supra capitulo septimo. verum etiam quia sanctus Edwardus prae caeteris quae beato Petro per Angliam consecrata sunt loca

Cf. Ric. Circestr. II 267 [from Ailred, Twysd. col. 384].

hunc potissimum restaurandum elegit, quia non solum ut supra diximus, caelestis visionis oraculo, sed etiam antiquissimi attestatione miraculi, istum ei didicit prae omnibus cariorem. haec ex Speculo Regali de gestis regum Angliae, libro iv° capitulo xxv in fine.

Its earlier story repeated.

Qui locus tempore Lucii regis Britonum primi christiani ad honorem dei fundatus est et consecratus, atque ad regiam sepulturam regaliumque repositorium specialiter erat deputatus, ac postea Diocletiani imperatoris tempore in profanum Apollinis templum commutatus, quousque sol justitiae dominus oriens ex alto per servum suum Augustinum aliosque quam plurimos Ethelberto et Seberto regibus baptizatis ac Anglorum populo ignorantiae tenebris diutius excaecatis veritatis lumen fidei christianae ostendere dignaretur. qui quidem Sebertus

1 Licet] Here D begins again, and goes on to p. 90, l. 14. 2 oneretur W. 8 *om.* meam W. 20 ii°] *legendum* i°.

dejecit funditus illud Apollinis templum, et ibidem ecclesiam in beati Petri honore devote fabricavit, ut supra capitulo primo (Cf. p. 34.) fere per totum; et ibidem monachos primitus introduxit, ut (Cf. p. 36.) supra capitulo secundo sub his verbis continetur: Sebertus autem rex Essexiae beato Petro devotus fidem Christi praedicante beato Mellito suscepit, in occidentali parte Londoniae extra muros in honore beati Petri monasterium insigne fundavit, multis illud donariis ornans et ditans possessionibus. venerat autem tempus, quo ecclesia in eo fuerat dedicanda, paratisque omnibus pro loco, pro tempore, pro monasterii dignitate, agente etiam ea nocte in tentoriis episcopo, dies crastina praestolabatur.

(Cf. p. 43.)

In chronica Sulcardi monachi invenitur sic, supra capitulo tertio.

Consecrata etiam ut nova dei sponsa novum nomen obtinuit, vetusque nomen Thorney, id est Spinae insula amisit, et a civitatis situ occidentale monasterium nomen accepit.

A mention of the first monks. (Cf. pp. 43 f.)

De monachis primo introductis in praedicto monasterio in Libro Regio circa finem primi libri sic habetur:

Nocte praecedente diem sanctae dedicationis cuidam piscatori Edrico nomine sanctus Petrus apparens, et quasi mercede compacta in navicula cum eodem piscatore Thamensem fluvium transfretans, praefatam basilicam cum caelestium comitatu et laudibus angelicis, vidente tremebundo piscatore, deo et sibi consecravit. et infra:

Signa autem dedicationis haec erant. parietes videlicet intrinsecus et extra madidi, oleum et cruces in ipsis cereique semicombusti, alphabetum utrumque graecum et latinum in atrio depictum, magna aqua a sancto Petro benedicta in medio, altare oleo perfusum, incensum in ipso altari super tres cruces in eodem sculptas semicombustum. cujus reliquum tunc temporis illius ecclesiae monachi noviter adunati diligenter collectum in scrinio recondiderunt. haec ibidem.

The earliest rulers were home-bred.

E quibus non alterius gentis homo, sed ipsius congregationis noviter adunatae unus praesidebat—quod a tramite veritatis ut credo non recedam—an abbas, prior vel praepositus, novit qui est scrutans corda et renes ipse deus. huic sacrae scripturae concordat auctoritas: Constitues, inquit, eum regem quem dominus elegerit de numero fratrum tuorum: non enim poteris

1 ibi W. 3 *om.* ut supra W. 29 altaris DW. 31 ecclesie illius W. 34 adunatae] admitti DW.

alterius gentis hominem qui non sit frater tuus facere in regem. Deuteronomio 17°. quia si in subditis ex qualicumque diversitate gravis dissentio oritur et grandescit, quid quaeso eveniret si caput a subditis alienum foret, nisi ut talis communitas sive congregatio quasi finaliter evanesceret, et cuncta sua operatio tenderet in ruinam? quia ubi nullus ordo, ibi sempiternus horror inhabitat. Job capitulo <10°>. hoc jam totum fit non natura sed culpa mediante, quia ipsa natura omnes homines aequales esse voluit. unde Gregorius in Pastoralibus capitulo 18 sic dicit: Homo, inquit, brutis animalibus, non autem aliis hominibus natura est praelatus; quoniam omnes homines natura aequales genuit, sed variante morum ordine alios aliis non natura sed culpa postposuit: unde quia omnis homo non aeque in via graditur, alter ab altero debite jam regatur. haec ille. melius ergo deo totum cui nil impossibile est ut committamus, quam aliquid tamen definire velimus auctoritate nostra quod non probamus. haec Hieronymus in epistolis.

There were seven before St Wulsin:

Sed quid ulterius dicam, quid de hujus loci pastoribus referam, ignoro: sed unum pro certo est, quod ex munimentis vetustissimorum librorum reperimus septem abbates successive praesidentes huic sancto loco ante sanctum Wulsinum, qui tempore sancti Dunstani huic loco praefuit, et ipsum monasterium sub nomine pastoris regulasse; de quibus tres ad gradum episcopalem fuerant assumpti. quorum nomina hic notantur: Siwardus abbas; Ordbrithtus abbas, tempore Offae regis Merciorum, ut patet in telligrapho ipsius regis, postea episcopus Selseiensis; Alfwyus abbas, postea episcopus Funtanensis; Alfgarus abbas; Adymerus abbas; Alfnodus abbas; Alfricus abbas, postea episcopus Crieiensis. quo tempore, vel quanto, sub quibus etiam regibus patres isti praesiderunt, tamen propter regnorum instabilitatem, regum etiam diversitatem, ac ejusdem coenobii fratrum negligentiam, nostris in codicibus veritas non apparet. mallem igitur ista sub dubio relinquere quam aliquid mendaciter et sine causa fingere.

Siward, Ordbritht, Alfwy, Alfgar, Adymer, Alfnod, Alfric.

Their dates are unknown, and it is best not to make guesses.

Under K. Edgar the Peaceable

denique post multorum annorum curricula optimus rex Edgarus disponebat Anglica negotia cum pace divinaque justitia, sicut audiente Dunstano archipraesule caelicola pax Anglorum

7 <10°>] in D the line ends with *Job ca°* (in red): in W a blank is left for the number. 16 committimus DW. 21 f. septem—ante] *om.* W (a complete line of D). 38 ang*e*lorum D (*e* half-erased).

St Dunstan rebuilds the monastery and appoints Wulsin to rule it. (Cf. p. 57.)

ecclesiae caelitus promitti meruerat in ipsa nativitate sua. hujus autem regis tempore sanctus Dunstanus ad episcopatum Londoniensem eligitur et confirmatur; qui apud Westmonasterium reedificato cenobio additisque aliquantis terris venerabili Wulsino ejusdem loci monacho curam commisit paternalem, prout in charta sancti Dunstani praedicti recitatur in hunc modum: Omnia quae ad libertatem et exaltationem illius loci per nostram auctoritatem accedere possunt hilari et prompta voluntate concedimus: nimirum cum ego illi sancto loco, quasi multorum regum temporibus neglecto, praefuerim; quem postea additis ei aliquantis terris venerabili Wulsino ejusdem loci monacho servandum commendavimus. haec ibidem.

XVII. St Wulsin,

Capitulum xvii. De sancto Wulsino abbate.

appointed in A.D. 958, and afterwards made abbot

(Cf. Charter of K. Ethelred, A.D. 998, 'Domesd.' f. 80)

Sanctus Wulsinus igitur natione Anglicus et in Londonia oriundus, monachus in coenobio beati Petri Westmonasteriensi attonsus a beato Dunstano, tunc Wigornensi et Londoniensi episcopo, favente eidem Edgaro rege pacifico ad ejusdem loci regimen deputatus est, anno ab incarnatione domini nongentesimo quinquagesimo octavo. deinde tempore regis Ethelredi, filii Edgari pacifici, abbas ejusdem loci ordinatus est, ut in telligrapho ejusdem regis de libertatibus ecclesiae Westmonasteriensis evidenter ostenditur in haec verba fere circa medium: Hoc quoque notum fore cupimus, quod beatae memoriae Dunstanus cuidam sibi fideli ac probato monacho, Wulsinus vocabulo, quem quasi filium pura dilectione amavit, illud monasterium ad regendum regulariter commisit: et nos postea abbatem illum istuc constituimus, ac post annos aliquot episcopum illum elegimus ad sedem Shireburnensis ecclesiae, firmo sibi jure concesso, ut secundum suum regimen locus ille ordinetur et disponatur, et post dies ejus sit tam liberum sicuti cetera monasteria. haec ibidem. ex istis patet quod beatus Wulsinus hoc monasterium regulariter quasi per viginti duos annos rexit, ab anno supradicto usque ad annum nongentesimum octo-

in A.D. 980.

gesimum, quo anno praedictus rex Ethelredus abbatem eum ibidem constituit, ac deinde post paucos annos Shireburnensis ecclesiae episcopum ordinavit. non tamen poterat primogenitam subolem deserere, sed in unum tenebat ac fovebat domum utramque, et auriga insignis dominici currus hic sese

24 uulfsinus d. 27 istuc] illic d. 28 Scireb. d.

praesulem illic referebat abbatem. ita locis distantia astringebat alis dilectionis paternae, ut utrumque coenobium esset unum ovile sub uno pastore. haec ex vita sancti Wulsini capitulo iv°.

†8 Jan. (1005 [?]).

Obiit autem pater iste vi° idus Januarii, tertio post Epiphaniam die, Ethelredi regis tempore: ad cujus tumbam diversa fiunt miracula, ipso praestante qui creavit omnia. et sic a tempore quo primo istud monasterium sub beato Dunstano susceperat regendum usque ad obitum illius fluxerunt fere xl[a] septem anni. quanti vero meriti apud deum iste sanctus exstiterit, quamque acceptabilis sancto Dunstano et piissimo regi Edgaro fuerit, probarunt tempore suo reformatus istuc monasticus ordo ac in diebus suis augmentata monasterii sui dignitas et possessio. nunc quoque precibus ejus assiduis juvari speramus in hoc saeculo, quem inter gloriosos ecclesiae nostrae patronos dulcem habemus advocatum in caelo. cum igitur iste sanctus domini multis annis utramque rexisset ecclesiam, tandem gravi infirmitate correptus, ac membris corporeis prae aegritudinis magnitudine fere dissolutis, in admirabile beati contemplatoris Stephani erupit praeconium: Ecce, inquit, video caelos apertos et Jesum stantem a dextris dei. atque in hac voce praedicabili spiritum suum efflavit in manu domini; et in ecclesia cathedrali Shireburniae sepultus est. hic beatus caelicola duodenis annis requievit in tumba, uti videlicet granum frumenti mortuum jacet sub terra, dum vires colligat quibus in germen et fructum temporaneum erumpat. unde jam ipso duodecimo obitus sui anno elevata de tumba sua sanctissima pignora, atque in novo locello excepta, debita devotione cum canoris laudibus in ecclesiam tanquam in cor Jerusalem transferuntur, atque in dexterum latus authentici altaris reconduntur; ubi cotidie vota supplicum a domino Jesu Christo pie et misericorditer exaudiuntur.

Cf. Life of St Wulsin, from Capgrave: Acta SS. 8 Jan. p. 547.

His burial at Sherborne,

and translation.

XVIII. Alfwy.

Capitulum xviii. De Alfwyo abbate.

Sancto Wulsino abbate Westmonasterii et Shireburnensis ecclesiae episcopo viam universae carnis ingresso, successit in eodem loco ex communi fratrum consilio pastor et abbas Alfwyus nomine. hic et natione Anglicus eidem loco prae-

12 fuerit] *legendum*: fiunt DW.

Cf. K. Ethelred's second charter of A.D. 1002, 'Domesd.' f. 80 *b*.

fuit xx annis. de isto patre fit mentio specialis in telligrapho secundo Ethelredi regis sub hac forma:

Regnante perpetualiter summo caelorum opifice, etc. et infra:

Quamobrem ego Ethelredus dei favente clementia Angligenae nationis imperator quandam telluris portionem, id est, duas mansas terrae in loco qui celebri vocabulo at Berewican appellatur, ad monasterium beati Petri caelestis clavigeri in loco nobili qui Westmonasterium nominatur pro animae meae remedio ad sustentationem fratrum deo inibi deservientium in perpetuam confirmo hereditatem; quatenus ipsa congregatio pervigiles pro me jugiter intercessiones exsolvat, sollertique industria deo ejusque apostolo felici habitu deserviat. nam ejusdem loci abbas, vocitamine Alfwy, ipsaque familia hanc praefatam terram a me cum centum auri obrizi mancusis comparavit, ea interposita conditione, ut trecentas pro me missarum oblationes offerant, totidemque Davidici cursus modulationes pro me mente devota persolvant.

†19 Mar. (1025 [?]).

Obiit autem vir iste xiv° kalendas Aprilis; cujus animae propitietur deus. amen.

Wulnoth

De Wulnotho abbate.

Wulnothus abbas natione Anglicus in eodem monasterio monachus effectus indies in virtute ac morum honestate crescere videbatur, et postmodum mediante Cnutone Anglorum rege ejusdem loci abbas ordinatus est. quem idem rex in tanto dilexit, quod audito ejus consilio multa faciebat et libenter eum audiebat: erat enim in sermone verax. hujus etiam amore praedictus rex locum istum crebrius visitavit et multas sanctorum reliquias eidem condonavit. hic etiam pater venerabilis tanta pollebat sapientia, quod tempore tribulationis et tristitiae inter Danos et Anglos se suumque ovile in pacis vinculo absque luporum rapacitate illaesum custodivit; quem perfuderat deus gratia, ab omnibus amabatur. hunc autem postea sanctus rex Edwardus in quadam charta sua sic commendans ait: Quapropter noverit praesentium futurorumque universitas quod fidelissimus noster Wulnothus abbas et monachi monasterii beati Petri, etc., ut supra capitulo xi°.

honoured by K. Cnute.

(Cf. p. 59)

3 Regente d. 5 deo favente (*om.* clementia) W. 7 *om.* at DW. 8 beatissimi d. 9 Westminster d. 14 Aelfwi d. 15 obrizi] ebrosi DW. 16 ea] + etiam d.

†19 Oct. 1049.

Pater autem iste xix° die mensis Octobris, regni vero sancti regis Edwardi anno quasi septimo, cum praefuisset eidem loco annis xxx° duobus, et anno dominicae incarnationis millesimo quadragesimo nono, migravit ad deum. cujus animam in sanctorum collegio credimus collocatam; quem deus omnipotens tantis ac talibus virtutibus multipliciter decoravit, ac morum honestate insigniter adornavit.

Edwin.

De Edwino abbate.

Edwinus abbas habitum monachalem in Westmonasterio suscipiens crescente aetate crevit et virtute. tandem Wulnotho abbate defuncto electus est in abbatem ejusdem loci, mediante beato rege Edwardo. hic genere Anglicus, vir quidem valde laudabilis. in cujus tempore a regibus Edwardo et Willelmo ecclesia praedicta sufficienter erat dotata, possessione de Windelesora in aliis possessionibus per ipsum regem Willelmum mutata, ut in prima charta ejusdem regis invenitur, quae sic incipit: In nomine sanctae et individuae trinitatis, anno dominicae incarnationis millesimo lxvii°, ego Willelmus, etc. et infra: In primis igitur cum consensu et favore venerabilis Edwini abbatis et totius conventus ipsius loci conventionem feci de regia possessione Windelesoran dicta, etc.

Exchange of Windsor. Cf. 'Domesday' f. 51.

Hic vir vitae venerabilis praefuit huic loco, magis proficiendo quam praeessendo, xix annis et amplius. cujus anno decimo septimo sanctus rex Edwardus et Christi confessor obiit nonis Januarii in vigilia Epiphaniae domini: cum quo tota pariter Anglorum felicitas ruit, periit libertas, vigor omnis interiit. hujus in exsequiis assunt pontifices, sacerdotum et clericorum frequens turba concurrit, duces regni cum comitibus proceribusque conveniunt, agmina confluunt monachorum, innumerabilis multitudo utriusque sexus de vicis et civitatibus ad regis exsequias convolarunt. hinc psalmi resonant, illinc lacrimae gemitusque prorumpunt: ubique gaudia mixta dolore. deferunt ad ecclesiam illud pudicitiae templum, virtutis domicilium: et in loco quo ipse decreverat honorifice sepelitur. haec in vita ejusdem regis.

Death of St Edward, 5 Jan. 1066. Cf. Ailred, Life of St Edward (Twysd. col. 402).

Verum igitur praedictus pater et pastor quem dilexerat viventem requirebat mortuum, praedicti regis cotidie visitando

3 duobus] a correction in D. 4 nono] a correction in D (does not fill space). 23 xix] viginti D (*sed in marg.* xix). 30 mult. utr. sexus] Ail.: *om.* DW.

†12 June 1068 [?]. Buried in the cloister; removed to the chapter house, together with Ethelgoda, (Cf. pp. 35 f., 45.) Hugolin, and Sulcard. (Cf. pp. 40 ff.)

sepulcrum. tandem in senectute bona finem vitae faciens ad patres suos appositus est xii° die mensis Junii anno domini millesimo lxviii°, regni autem Willelmi conquestoris anno videlicet secundo. sepultusque erat in claustro ipsius monasterii, loco tanto patri congruo. cujus ossa postmodum, per gloriosum regem Henricum tertium reedificato coenobio, a claustro praedicto una cum aliis in novam domum capitularem ibidem sunt translata, et in tumba marmorea, ut hodie cernitur, honorifice sunt sepulta; videlicet ad introitum domus praedictae ex parte australi. nomina autem eorum cum ipso translata sunt ista: Ethelgotha quondam regina Orientalium Saxonum, uxor regis Seberti, hujus monasterii fundatoris primi, ut patet supra capitulis primo, secundo et quinto; Hugolinus nobilis principalis sancti regis Edwardi cubicularius, semper deo devotus et praedicto regi inter omnes hujus regni proceres miles fidelissimus; Sulcardus etiam monachus egregie litteratus, de cujus chronica scribitur supra capitulo quarto.

Versus scripti in pariete supra tumbam de praedicto Hugolino:

Qui ruis injuste, capit hic, Hugoline, locus te;
laude tua clares, quia martyribus nece par es.

Epitaphium Ethelgodae, uxoris regis Seberti, quae obiit idus Septembris anno domini sexcentesimo quinto decimo, et Hugolini cubicularii sancti Edwardi, abbatis Edwini, et Sulcardi monachi Westmonasteriensis, sicut in domo capituli habetur, et scribitur in tabula plumbea infra tumbam marmoream:

Iste locellus habet bis bina cadavera clausa:
  uxor Seberti prima, tamen minima:
defracta capitis testa clarens Hugolinus,
  a claustro noviter huc translatus erat:
abbas Edwinus, et Sulcardus cenobita:
  Sulcardus major est: deus assit eis.

Vivat igitur in aeternum hujus incliti patris sancti Edwini memoria; cujus, ut creditur, prudentiae consiliis et sanctitatis meritis sanctus Christi confessor et insignis Anglorum rex Edwardus tot et tantis hunc locum suum beneficiis ditavit, privilegiis exaltavit, et possessionibus ampliavit, immo quod magis est, pretiosissimum incorrupti corporis sui thesaurum in

36 *om.* suum W.

hoc sacro monasterio reponi mandavit; ubi novis indesinenter floret miraculis ad laudem domini nostri Jesu Christi, cujus regni non erit finis. amen.

Geoffrey, formerly abbot of Jumièges,

De Galfrido abbate.

Edwino defuncto successit Galfridus, quondam abbas sancti Petri de Gymeges in Normannia. iste primo de genere Normannorum per ipsum regem Willelmum conquestorem introductus est, et in abbatem ejusdem loci creatus, non recte gradiens in viis patrum suorum, quarto anno sui regiminis, certis ex causis veris et legitimis, ab eodem rege et archiepiscopo Cantuariae Lanfranco correctus est; deinde meritis suis exigentibus depositus est, sicque ad monasterium suum unde venerat in Normanniam maximo cum rubore reversus est. ibidem denique diem suum clausit extremum: cujus animae propitietur deus. amen.

whither he is sent back.

Vitalis, formerly abbot of Bernay.

De Vitali abbate.

Vitalis, quondam abbas de Berneges in Normannia, in abbatem Westmonasterii creatus est, vocante eum Willelmo rege conquestore post depositionem Galfridi praedicti. de isto patre scribitur in secunda charta Willelmi regis senioris, fere in fine, ubi nomen ipsius recitatur inter alios abbates: ac etiam in quodam brevi ejusdem regis in haec verba:

Cf. 'Domesday' f. 55.

Ibid. f. 56*b*.

Willelmus rex Angliae episcopis, abbatibus, vicecomitibus, et omnibus tam Francigenis et Anglicis, ubicumque Vitalis abbas sancti Petri de Westmonasterio habet terras, salutem. Sciatis quoniam ego volo et firmiter concedo, ut abbas Vitalis habeat in Wirecestrescire totum suum dominium, sicut poterit demonstrare quod Wlstanus episcopus et abbas de Evesham et Rambaldus cancellarius derationati sunt ad opus sancti Petri de Westmonasterio, ut illud haberet in dominio, etc.

Sulcard the chronicler (cf. p. 3).

Cujus tempore floruit Sulcardus monachus, de quo fit mentio superius eodem capitulo; qui chronicam suam scripsit eidem, quae sic incipit: Venerabili viro et semper dei servo, domino abbati Vitali, monachorum minimus, frater Sulcardus, salutem cum devoto famulatu et obsequio, etc.

†19 June 1082 [?].

Obiit autem xix° die mensis Junii, anno regis Willelmi senioris quinto decimo, et anno domini millesimo octogesimo secundo, cum praefuisset eidem loco annis circiter novem;

24 tam] *supra lin.* d. 25 *om.* salutem DW. 27 Wurcestreshire D: Worc. W. 28 Wulstanus DW.

Buried in south cloister.

sepultusque est in australi parte claustri, et jacet sub parvo lapide marmoreo albo ad pedes abbatis Gervasii. cujus tale est epitaphium:

Qui nomen traxit a vita, morte vocante
abbas Vitalis transiit, hicque jacet.

His anniversary.

Ad cujus tumbam quolibet anno die anniversarii ipsius ponatur unum tapetum cum panno serico aurotexto; et duo cerei ponderis ii librarum, quos sacrista providebit, ab hora vesperarum usque in crastinum finita missa de Requiem ibidem jugiter ardebunt; et prior vel alius custos ordinis in ejus absentia missam celebrabit.

Gilbert Crispin, a monk of Bec,

De Gisleberto abbate.

Gislebertus cognomento Crispinus, quondam monachus de Becco Herlewini in Normannia, creatus est in abbatem Westmonasterii mediante rege Willelmo seniore et archiepiscopo Lanfranco ac quibusdam Normanniae proceribus. iste quidem Normannus, nobilis genere sed vita sanctitate nobilior, in scientiis trivialibus et quadrivialibus sufficienter imbutus, sancte et religiose fuerat educatus. cujus magnifici parentes, juxta generis sui nobilitatem et morum probitatem, ducum Normanniae fuerunt ab antiquo consiliarii speciales. hujus itaque Gisleberti pater, nomine Willelmus, in obsequio beatae virginis Mariae quam devotus exstiterit patet ex quodam miraculo ejusdem gloriosae matris dei, quae ipsum ab hostibus suis visibiliter liberavit. in cujus processu evidenter ostenditur qualiter filium suum, Gislebertum nomine, abbati Herlewino et monacho Lanfranco, in artibus liberalibus viro peritissimo, tradidit informandum; ut in eodem miraculo sequitur in his verbis:

of high Norman birth.

Cf. Miraculum (App. ad opp. Lanfranci, Migne *P. L.* 150 col. 737).

Primus fundator Beccensis coenobii domnus abbas Herlewinus exstitit; cujus tanta excreverat in Christiana paupertate devotio, ut baltheo militari deposito, et nobilitate qua praeeminebat carnis abjecta, in monachica conversatione soli liberius vacaret deo. qui cum in quodam congruo patrimonii sui loco idem opus bonum inchoaret, quod omnipotens deus dispositissima ordinatione adjectum ut perficeret, excitavit spiritus domini Lanfrancum, in liberalibus artibus virum undecunque peritissimum; et attonsus ab eodem militiae regularis sumpsit indumentum. ad praedictum autem monasterium coeperunt viri

6 ipsius] eius W. 16 ac] de W. 35 proficeret DW.

litterati multi certatim confluere, et cervices suas obsequio regularis vitae humiliter inclinare. viri vero haud mediocriter nobiles, nimium locupletes, liberos tradebant et erudiendos a Lanfranco in liberalium artium philosophia et scientia, et informandos per Herlewinum in regulari disciplina. inter quos et carnis ingenuitate refulsit in Normannia conspicuus vir praedives, Willelmus cognomento Crispinus, qui filium suum in tenera aetate Gislebertum praedictis patribus contulit, et multa temporalis vitae subsidia cum puero ministravit. quorum informatus honestate, et disciplinis imbutus et exemplis, sic cum divino perfecit obsequio in sacris litteris et philosophicis institutis, ut omnes septem artes quas liberales vocant ad unguem usque plenius addisceret, et earum rivulos copiose dividens pluribus ipse vir perfectus in religione propinaret. cujus tanta fuit in activa et contemplativa vita perfectio, ut cum deus Lanfrancum Cantuariensi ecclesiae in summo pontificatu praeficeret, eum Lanfrancus ad regimen Westmonasterii deo vocante provideret. tantaque sanctitatis gratia deo, ut confidimus, et hominibus placuit, ut humilitatem prae cunctis sui temporis praelatis et spiritualius praetenderet et sublimius praedicaret. hic triginta duobus annis loco magis profuit quam praefuit, et in senectute bona patribus suis appositus plenus dierum et sanctitate hujus miserabilis vitae terminum clausit. haec ibidem.

De isto abbate fit mentio in telligrapho Willelmi primi senioris sub his verbis, fere circa finem:

Cf. 'Domesday' f. 50*b*.

Ad ultimum in solemnitate Pentecostes habito concilio meo in eodem Westmonasterii celeberrimo coenobio ejusdem sancti Petri apostoli, dilecti fratres et filii nostri, monachi de eadem ecclesia cum suo venerabili abbate Gisleberto, assistente reverentissimo et carissimo mihi Lanfranco Cantuariensi archiepiscopo, et petitiones ipsorum cum consensu firmante, et pro eorum commodis nos humiliter rogante, pro reverentia summi apostolorum principis Petri et ob honorem ipsius praedictae ecclesiae, ubi reliquiae ejus virtutum miraculis indesinenter coruscant, unanimitatem nostram petierunt, quatenus eis privilegium securitatis et incommutabilitatis super universis his, quae vel a

13 addisceret] m(= miraculum): ediceret DW. rivulos] m: rivulis DW. 17 praeficeret] m: prof. DW. 21 loco] m: *om.* DW. 22 appositis DW. 34 predicte ipsius DW. 37 *om.* vel DW.

me vel a praedictis baronibus meis Francis aut Anglis sub tempore mei imperii data sunt, ederemus, ac eos adversus cupidorum insidias praemuniremus et ecclesiastica et nostra potestate fulciremus. et infra: Quod ego utique ad modum libenter suscipiens, hortatu pariter et deprecatione praefati honorabilis viri domini Lanfranci archiepiscopi, et amore ipsius ecclesiae abbatis, pro salute animae meae et Edwardi regis cognati mei, cum consilio et consensu episcoporum et optimatum meorum, fratrum religiosis petitionibus assensum praebuimus, etc.

†6 Dec. 1114 [?].

Buried in south cloister.

Obiit autem pater iste pius et misericors sexto die Decembris anno domini millesimo cxiv°, et regis Henrici primi anno xv°; sepultusque est in australi parte claustri ad pedes abbatis Vitalis praedicti, in tumba marmorea cum imagine ipsius supercomposita. cujus epitaphium in eadem tumba scribitur in hunc modum:

Hic pater insignis genus altum, virgo senexque,
  Gisleberte, jaces, lux via duxque tuis.
mitis eras justus prudens fortis moderatus,
  doctus quadrivio, nec minus in trivio.
sic tamen ornatus nece, sexta luce Decembris,
  spiramen caelo reddis et ossa solo.

His anniversary.

Hic quoque pater venerabilis omnes redditus ad cameram pertinentes conventui assignavit, et confirmationes chartarum sancti Edwardi a regibus Willelmo primo, Willelmo secundo et Henrico primo sagaciter impetravit. pro qua quidem assignatione camerae anniversarium ipsius principaliter est celebrandum septimo idus Decembris, ut patet libro Consuetudinarii, quarta parte, capitulo de anniversariis 57°.

Herbert

De Hereberto abbate.

founded the Canonesses of Kilburn.

Herbertus abbas natione Normannus successit Gisleberto supradicto. iste fundavit cellam canonissarum de Kilborn, ubi prius quidam nomine Godwinus heremiticam multo tempore ducebat vitam: et hoc actum ut deo sacratae virgines pro anima regis Edwardi et pro statu abbatis et conventus Westmonasterii in perpetuum exorarent. statuit etiam certas terras, annonas et corrodia quaedam cum redditibus de monasterio eisdem pro perpetuo assignari. in quo loco, sub honore sancti Johannis

2 ac] d: ut DW. 7 eadwardi d. 14 *om.* tumba W. 37 sancti] beati W.

baptistae consecrato, statuit tres virgines deo sacratas, domicellas videlicet camerae Matildis bonae reginae, consortis regis Henrici primi.

De isto abbate fit mentio in charta regis Henrici primi de libertatibus Londoniae in magna chartuaria folio 101, in haec verba:

Cf. 'Domesday' f. 101.

Henricus rex Angliae episcopis, baronibus, vicecomitibus et omnibus fidelibus et ministris suis et burgensibus Londoniae, salutem. sciatis me concessisse deo et sancto Petro et Hereberto abbati Westmonasterii pro salute animae meae et Edwardi regis cognati mei et antecessorum et successorum meorum terras illas quas in Londonia praedictus rex Edwardus eidem ecclesiae dederat, et quas sanctus Petrus antea in eadem tenebat, quicumque eas dedisset, etc.

†3 Sep. 1140 [?].

Buried in south cloister.

Obiit autem tertio die mensis Septembris, tempore regis Stephani, anno scilicet quinto, cum praefuisset ibidem xxvi annis, et anno domini millesimo cxl°; sepultusque est in australi parte claustri in plano pavimento ante secundum scamnum a cymbalo versus ostium refectorii a parte orientali claustri. cujus tale est epitaphium:

Abbatis nostri corpus jacet hic Hereberti:
vivat post obitum spiritus ante deum.

Cf. 'Domesday' f. 469 *b*.

Iste Herebertus abbas dedit in feodo Henrico filio Wilfredi manerium de Wokyngdon pro x libris per annum, et ecclesiam sancti Alphegi pro xx solidis, ut patet in magna chartuaria folio 469, titulo celerarii.

Gervase of Blois, son of K. Stephen.

De Gervasio abbate.

Gervasius dictus de Bleys, filius regis Angliae Stephani de domina Dameta genitus, et de Normannia similiter oriundus, per ipsum regem Stephanum introductus post mortem abbatis Hereberti praedicti abbas Westmonasterii ordinatus est. de quo fit mentio in quadam compositione inter Willelmum de Wechendona sub his verbis:

Cf. 'Domesday' f. 530.

T. dei gratia Cantuariensis archiepiscopus, etc. et infra: Ita quod de cetero licebit abbati Gervasio et omnibus successoribus suis praedictae ecclesiae de Wochendona personas praeordinare, et cui voluerit, salva tamen diocesani episcopi

19 simbalo W. 23 Wluredi d. 24 Ochendon d. 33 Wendona W. 34 T.] d: Thomas *errore* DW. etc.] Anglorum primas et apostolice sedis legatus (=Theobaldus) d. 36 Wechendona DW. 37 tamen] tn̄ d.

dignitate, donare. hanc itaque concessionem ratam habemus, confirmamus, et auctoritate qua praeeminemus perpetuo permanendam decernimus. valete. haec in magna chartuaria folio 53<0>.

He grants ruinous leases—

Quamvis iste pater esset de regali progenie, multa tamen ordinavit in detrimentum praedictae ecclesiae; videlicet concedendo maneria, praedicto monasterio a regibus et principibus et aliis regni magnatibus dedita, diversis suis amicis perpetuo possidenda sub nomine feodae firmae annuatim persolvendae, ut in sequentibus patebit. et primo de matre praedicti abbatis:

of Chelsea to his mother, (cf. 'Domesday' f. 117, in a late hand)

Gervasius abbas Westmonasterii et totus conventus ejusdem loci omnibus hominibus suis Francis et Anglis salutem. sciant praesentes et futuri nos concessisse manerium de Chelcheth Dametae matri praedicti abbatis et heredibus suis ad tenendum in feodo et hereditate cum omnibus eidem villae pertinentibus in aqua et in terra, reddendo inde quatuor libras per annum, et defendendo erga regales consuetudines; his terminis, ad natale domini xx solidos, ad Pascha xx solidos, ad festum sancti Johannis baptistae xx solidos ad festum sancti Michaelis xx solidos. et ita volumus quod teneat bene et in pace, libere et honorifice, cum saca et soca et ceteris consuetudinibus liberis. et pro hac concessione dedit praedicta Dameta quadraginta solidos conventui et unum pallium centum solidorum.

and of other manors (cf. 'Domesday' f. 134, in a late hand).

Dedit etiam manerium ad Hamme in comitatu Essexiae pro lx solidis per annum in feodo Algero clerico: similiter autem manerium de Hendune Gilberto filio Gunteri in feodo pro xx libris per annum; manerium de Uppehaleforde et Shepertone Roberto Crenker militi; tres hidas in Totyngtone et Sunnebury Hugoni filio Guernerii; tres virgatas terrae in Whethampstede pro x solidis per annum Roberto marescallo suo; Willelmo Dernford militi in feodo manerium de Durherst in comitatu Gloucestriae pro xxx libris per annum. concessit autem ecclesiae sancti Martini magni Londoniensis et capitulo ejusdem loci ecclesiam sanctae Agnetis juxta Alderychgate Londoniae pro vii solidis per annum; manerium quoque de Whateleia pro lx solidis per annum Roberto filio Swenonis. manerium etiam de Mulsham dedit in feodo pro ix libris per annum; manerium de Cippenham et Vurnam in feodo Willelmo de Bokelande pro l solidis per annum.

14 suis] d: *om.* DW.

Rebuked by Innocent II. Cf. Faust. A iii f. 159.

Hanc autem miseriam, immo verius loci praedicti destructionem, Innocentius secundus sanctae Romanae ecclesiae pontifex, ex injuncto sibi officio cupiens reformare, misit bullam mandatoriam praedicto abbati et ejusdem loci conventui in haec verba:

Innocentius episcopus, servus servorum dei, dilectis filiis Gervasio abbati et fratribus coenobii sancti Petri Westmonasteriensis salutem et apostolicam benedictionem. sicut disponente domino in apostolicae sedis officio sanctae praesidemus ecclesiae, ita eodem auctore necessitatibus sanctorum pia debemus sollicitudine providere. perfectae namque caritatis bonum est inter dissidentes pacem componere et inter discordantes concordiam reformare; ut quemadmodum patres in dei populo dicimur, ita esse bonae operationis experientia comprobemur. unde tibi, dilecte in domino fili, Gervasie abbas, auctoritate apostolica mandando praecipimus et praecipiendo mandamus, ut ad murmurationes compescendas, et ad contumeliosas monastici ordinis reprimendas injurias, terras et redditus in manus fratrum tuorum Westmonasteriensis coenobii monachorum colloces, et per consilia eorum tam exteriora quam interiora bona dispenses: ecclesias vero et decimas quae sine consensu fratrum male distractae sunt recolligere, et secundum professionem a te factam canonice satage dispersa congregare. professos autem ecclesiae tibi cooperatores et cohabitatores efficias, et extraneos monachos a consilio tuo et secreta familiaritate repellas. militarem praeterea manum et laicorum conventum procul a limitibus monasticae arceas disciplinae, quia injustum et indecens est ordinem sacrum extraordinariis erroribus subjacere. libertas enim Sarae in servitutem Agar non debet pertransire. personam vero tuam abbatis nomine dignam fac et officio, ut in Christi paupertate vita tibi placeat monastica, et quae ecclesiastici juris sunt a seculari manu penitus sint exempta. in caeteris, dilecti in Christo filii, qui in praefato monasterio regularem militiam estis professi, interest ut abbati vestro canonicam exhibeatis obedientiam, et ipse abbas vester secundum ordinem suum regularem in omnibus vobiscum teneat disciplinam: vosque tales exhibete in sancta conversatione viventes, ut de vobis mater vestra Romana

Cf. 'Domesday' f. 1.

13 concordiam] Faust.: pacem DW. 14 operationis] here D ends. 28 sacrum]+et W Sp. 34 monasterio]+ad W Sp.

gratuletur ecclesia, et odor famae vestrae ad nos usque redoleat conversatione religiosa. regalia quoque gloriosi regis Edwardi quae apud vos habentur insignia ita in eodem monasterio intacta et integra decernimus conservari, ut nulli fas sit cujuscumque ordinis aut dignitatis ea distrahere vel vendere aut extra eundem sacrum locum absque communi omnium fratrum assensu in aliquos usus prorogare. si quis autem contra haec temere venire attemptaverit, indignationem omnipotentis dei et beatorum Petri et Pauli apostolorum ejus incurrat. amen. datum Laterani, quinto idus Decembris.

(Cf. p. 49.)

9 Dec. (1139)

†25 Aug. 1160.

Buried in south cloister.

Obiit autem praedictus abbas xxv^{o} die Augusti, anno domini millesimo clx^{o}, et regni regis Henrici ii^{di} anno sexto, cum praefuisset eidem loco annis xx^{ti}; sepultusque est in australi parte claustri sub parvo lapide marmoreo nigro ad pedes abbatis Willelmi de Humez. cujus tale est epitaphium:

De regum genere pater hic Gervasius, ecce,
monstrat defunctus, mors rapit omne genus.

He sought in vain the canonization of St Edward.

Hic autem pater pia devotione misit Osbertum de Clara, egregie litteratum priorem ejusdem loci, ad curiam Romanam pro canonizatione sancti regis Edwardi impetranda: qui tamen a papa Innocentio ii^{o} hoc non obtinuit, sed vacuus ad Angliam rediit: profecto divina providentia hoc aliter fieri disponebat alio tempore alio sub pastore, ut suo loco dicetur inferius, capitulo scilicet proximo. unde praedictus Osbertus missus ab abbate Laurentio iterato transiit, et papam Alexandrum iii in illa materia promptissimum invenit; et sic cum litteris testimonialibus domum cum gloria et honore reaccessit, ut in proximo capitulo clarius apparebit.

Laurence, a divine and preacher.

De Laurentio abbate.

Laurentius abbas genere Normannus, ut fertur, sacrae theologiae fuit professor. hic multos et devotos edidit sermones pro diversis anni temporibus et sanctorum festivitatibus, ut puta in Ad vincula sancti Petri unum qui sic incipit: Misit Herodes rex manus ut affligeret quosdam de ecclesia. Herodes hereditarium crudelitatis est nomen; solo auditu horrorem importat. et in festivitate Mariae Magdalenae alium qui sic incipit: Intravit Maria in domum Simonis, ibique se prostravit

4 conservari] d: observari W Sp. Faust. 21 ii^{o}] Sp.: tercio W.
22 providentia] clemencia Sp. 33 Ad vincula] Sp.: Cathedra W.

ad pedes domini. de Maria Magdalena ipsa subveniente locuturus verborum beati Gregorii immemor esse nequeo, qui dum de eadem sermonem institueret in exordio dixit, quod flere magis liberet quam aliquid dicere, etc.

He benefits the church, and obtains the privilege of mitre and ring.

In multis ecclesiae etiam profuit, et gratiam coram Matilde imperatrice tunc Anglorum domina invenit, et a rege Henrico secundo ejusdem imperatricis filio, utpote in reparatione officinarum monasterii et plumbatione earum, quae prius pro majore parte combustae erant et ruinosae. item recuperavit possessiones et maneria ecclesiae Westmonasteriensis in comitatibus Gloucestriae et Wygorniae et Oxoniae, quae violentia Roberti consulis Gloucestriae et maxime consiliariorum suorum destructa fuerunt. hic autem obtinuit primo privilegium de usu mitrae et anuli ac cerotecarum a papa Alexandro iii^{o} sibi et successoribus suis.

Translation of St Edward.

Hujus autem tempore translatus est sanctus Edwardus, prout habetur sparsim in Speculo Regali de gestis regum Angliae, libro iv^{o} capitulo l^{o}, ut sequitur:

Cf. Ric. Circestr., Spec. IV 50 (p. 319).

Praesidente eidem ecclesiae venerabili viro abbate praedicto, cum per dei visitationem multis eadem domus floreret bonis, et luminoso sanctae conversationis fervore intuentium animos ad glorificandum deum accenderet, exivit talis sermo inter fratres necnon et regni proceres de glorioso rege Edwardo: Usquequo celabitur in terra defossus thesaurus noster pretiosus? usquequo merita beati viri tanta tamque praeclara abscondita erunt a saeculo? quid facit tam fervens in eum abbatis nostri pietas atque devotio? quid facit rex noster Henricus nepos ejus successorque et heres in regno? tuncque coeperunt abbatem praedictum omnes una voce, pari voto concordique desiderio deprecari, ut curam gereret, ne mundo ulterius tam praeclara lucerna absconderetur. dictus abbas cum rei hujus effectum praecipue de regis consilio et voluntate pendere conspiceret, ad eum in transmarinis partibus agentem iter arripuit, negotium suum eidem patefecit. mox divina inspirante gratia, regio favore simulque consilio ad sedem apostolicam Osbertum de Clara priorem aliosque de suis fratribus destinavit: ubi tandem, libro

1 Magdalene W Sp. 2 *om.* verborum W. 14 mitri W Sp. cerotecarum] Sp.: ceterorumque W. 33 agentem] *correxi*: agens W Sp.: qui...agebat Circ. 36 aliisque W Sp. [*non habet* Osbertum de Clara aliosque, *sed tantum* aliquos Circ.].

miraculorum inspecto adhibitisque probabilibus regis testimoniis, procedens dominus papa in publicum de beati regis glorificatione dignam promulgavit sententiam, decernens eum in sanctorum confessorum catalogo ascribendum ; et ut deinceps observaretur per apostolica scripta mandavit sub hac forma :

Bull of canonization. Cf. 'Domesday' f. 411*b*.

Alexander episcopus, servus servorum dei, etc. dilectis filiis Laurentio abbati et universo capitulo Westmonasteriensi salutem et apostolicam benedictionem. illius devotionis constantiam et fidei firmitatem, quam circa matrem vestram sacrosanctam Romanam ecclesiam exhibetis, diligentius attendentes in id propositi et voluntatis adducimur, ut vos sicut carissimos fratres nostros et speciales ecclesiae filios sincera caritate in domino diligamus, propensius honoremus, et postulationes vestras quantum cum deo possumus libenti animo admittamus. inde utique fuit quod super petitione quam de Edwardo glorioso quondam rege Anglorum canonizando, et in sanctorum catalogo ascribendo, tam carissimus in Christo filius noster Henricus, illustris Anglorum rex, quam vos ipsi nobis instantius porrexistis, sollicitam cum fratribus nostris deliberationem habentes, libro miraculorum inspecto, quae dum in mortali carne viveret et postquam de praesenti saeculo est assumptus omnipotens dominus per suam misericordiam declaravit ; visis etiam litteris antecessoris nostri piae recordationis Innocentii papae, vestris quoque testimoniis inde receptis ; quamvis negotium tam arduum et sublime non frequenter soleat nisi in sollemnibus conciliis de more concedi, de communi fratrum nostrorum consilio, juxta votum et desiderium praedicti filii nostri regis ac vestrum, corpus ipsius confessoris ita glorificandum censuimus et debitis praeconiis honorandum in terris, sicut eundem confessorem dominus per suam gratiam glorificavit in caelis; ut videlicet inter sanctos confessores de caetero numeretur, qui hoc ipsum apud deum signis meruit et virtutibus obtinere. quia igitur decet honestatis vestrae prudentiam eum pie colere et toto studio venerari, quem auctoritate apostolica venerandum vestra postulavit devotio et colendum, universitatem vestram per apostolica scripta monemus et exhortamur in domino, quatenus ita eum deinceps studeatis debitis obsequiis honorare, ut ipsius intercessionibus apud districtum judicem mereamini veniam obtinere et gloriosum in aeterna beatitudine praemium invenire. datum Anagniae vii idus Februarii.

7 Feb. (1161).

39 mereamini] d: mereamur W Sp.

Cupiens autem abbas susceptum negotium ad effectum perducere, cum rege secretum de beati regis translatione tractatum habuit, postulans ut bono principio debitae consummationis manum adhiberet. annuit rex justa poscenti, diemque certum juxta quod opportunum videbatur indixit. adveniente itaque die quem rex praefixerat, venit rex in ecclesiam cum magno procerum et virorum illustrium comitatu, assistentibusque sancto Thoma archiepiscopo Cantuariae episcopisque quam plurimis, abbatibus quoque et aliis personis venerabilibus; omnibusque rite peractis posita est super candelabrum praeclara lucerna; sicque illud vas virgineum castitatis in feretro pretioso honorifice collocatum est. celebrata est autem haec translatio anno domini millesimo clxiii°, depositionis suae anno nonagesimo septimo, tertio idus Octobris die dominica, regnante piissimo et glorioso rege Henrico ii°, anno regni sui nono. haec ibidem.

The body is translated, 13 Oct. 1163.

Cf. p. 74.

De indulgentiis autem concessis omnibus intervenientibus in duobus festis sancti regis Edwardi patet supra capitulo xv°. confirmavit etiam praedictus pater caritatis intuitu donationem Hereberti abbatis sui praedecessoris super cellam de Kylbourne cum omnibus corrodiis, annonis ac redditibus eisdem assignatis.

†11 Apr. 1176 [?].

Buried in south cloister.

Obiit autem xi° die Aprilis anno domini millesimo clxxvi°, et anno praedicti regis vicesimo secundo, cum praefuisset ibidem xvi annis; sepultusque est in australi parte claustri sub albo lapide marmoreo, cum imagine ipsius supercomposita, ad pedes Gisleberti abbatis, cum istis versibus in marmore sculptis circa tumbam:

Clauditur hoc tumulo vir quondam clarus in orbe,
quo patre clarus erat hic locus, est et erit.
pro meritis vitae dedit ei laurea nomen;
detur ei vitae laurea pro meritis.

His anniversary.

Reg. S. Ben. c. 36.

Pro cujus anniversario annuatim celebrando assignantur sex marcae de antiqua pensione ecclesiarum de Wendelesworth et Patricheseye, per ipsum appropriatarum ad usus fratrum infirmorum. quia ad curam infirmorum semper direxit oculum pietatis, in se recogitans illud beati Benedicti in regula sua: Infirmorum cura ante omnia et super omnia adhibenda est, ut sicut revera Christo ita eis serviatur. assignavit etiam xviii

4 perhiberet W (*sed corr. supra lin.*). 10 super] Sp. Circ.: *om.* W. 13 f. nonagesimo septimo] Circ.: lxxvii° W Sp. 23 *om.* albo W. 24 supercomposita] + absque mitra Sp. 25 marmoreo scriptis W. 33 appropriatis W Sp.

solidos annui redditus de villanis in Patricheseye praedicto infirmario solvendos annuatim pro anniversario praedicto: et eodem die pro anima ipsius iv solidi viii denarii centum pauperibus deberent erogari, ut in libro Consuetudinarii, iv^{ta} parte, capitulo de anniversariis defunctorum clarius declaratur. quas scilicet ecclesias postmodum confirmavit Lucius papa iii^{us}, successor Alexandri: cujus bullae tenor talis est:

Bull of Lucius III. Cf. 'Domesday' f. 604 *b*.

Lucius episcopus, servus servorum dei, dilectis filiis abbati et fratribus Westmonasterii, salutem et apostolicam benedictionem. justis petentium desideriis facile nos convenit praebere assensum, et vota quae a rationis tramite non discordant effectu prosequente complere. ea propter, dilecti in domino filii, vestris justis postulationibus grato concurrentes assensu, ecclesiam de Patricheseya et ecclesiam de Wandlesworthe cum pertinentiis suis, quas bonae memoriae Laurentius quondam abbas ipsius monasterii domui infirmorum fratrum ad communes usus eorum concessisse dinoscitur, sicut eas juste et pacifice possidetis, vobis auctoritate apostolica confirmamus et praesentis scripti patrocinio communimus; statuentes ut nulli omnino hominum liceat hanc paginam nostrae confirmationis infringere, vel ei ausu temerario contraire. si quis autem hoc attemptare praesumpserit, indignationem omnipotentis dei et beatorum Petri et Pauli apostolorum ejus se noverit incursurum. datum Veronae, xvi kalendas Aprilis, pontificatus nostri etc.

De Waltero abbate.

Walter, formerly prior of Winchester,

Walterus, quondam prior Wyntoniae, creatus est in abbatem Westmonasterii post obitum Laurentii supradicti. hic autem abbas dedit in feodo cum consensu conventus sui Martino de Capella manerium suum de Denham in comitatu Bukingham pro xv libris per annum: decimam quoque de Bulebey in feodo magistro Nicholao Clerk pro iv solidis per annum; ecclesiam quoque sancti Albani in Wodestrete Londoniae hospitali sancti Jacobi prope Westmonasterium pro xiii solidis iv denariis per annum. concessit autem Normanno Blundo in feodo totam terram in Stanynglane pro xii solidis per annum. concessit autem in feodo totam terram in Frydaystrete Johanni filio Roberti, quam postea Gilbertus de Clara comes Gloucestriae

11 affectu W Sp. 24 *om.* pontificatus nostri etc. d. nostri etc.] nostri anno etc. Et nota ut invenitur in veteri scripto quod dictus abbas Laurencius fuit antea monachus Sancti Albani Sp. 29 *om.* suum W.

tenuit, pro xv solidis per annum; similiter aliam terram proximam ecclesiae sancti Matthaei ibidem pro xx solidis per annum. similiter concessit Nicholao de Pakelesham villam de Pakelesham, membrum de Benflete, pro ix libris. item primo obtinuit a papa Alexandro iii° usum dalmaticae, tunicae et sandaliorum.

obtains privilege of dalmatic, &c.

†27 Sep. 1191 [?].

Obiit autem xxvii° die Septembris, in festo videlicet Cosmae et Damiani, cum praefuisset eidem loco annis quindecim et amplius, anno regis Ricardi primi secundo, et anno domini millesimo centesimo nonagesimo primo; sepultusque est in australi parte claustri in plano pavimento ante primum scamnum a cymbalo. cujus tale est epitaphium:

Buried in south cloister.

Hic qui tu pausas dictus Walterius abbas
ex aliis fueras, nec alienus eras.

His anniversary.

Ad cujus anniversarium solemniter celebrandum assignatum fuit manerium de Padyngton in comitatu Middelsexiae, sub hac forma:

Cf. 'Domesday' f. 488.

Quinto kalendas Octobris, in die videlicet sanctorum Cosmae et Damiani, anniversarium abbatis Walterii principaliter celebratur. ad quod videlicet ex providentia eleemosinarii qui pro tempore fuerit solemniter celebrandum manerium de Padingtone totaliter deputatur: hoc fideliter observato ex illius industria, quod quicquid ultra de ipso manerio residuum fuerit in pios usus egenorum misericorditer expendatur. qui quidem eleemosinarius die quo anniversarium celebratur inveniet siminella, gastella, canestella, brachinella et wafras, ac unicuique fratri unum galonem vini cum tribus bonis pitanciis et cum bona cervisia abundanter coram fratribus ad omnes mensas, prout alias in festis praecipuis et anniversariis, in magno tancardo xxv lagenarum: cervisia eisdem per celerarium inveniri solet. hospitibus vero in refectorio prandentibus in pane, vino et cervisia et duobus ferculis de coquina, exceptis generalibus coquinarii, honorifice et abundanter procurabit. honorabilioribus tamen personis, qui una cum praesidente ad skillam superius resident, tanquam conventui celebrius ministrabitur; atque ab eodem tam hospitibus quam conventui caseus exhibebitur. pro generalibus vero et scutellis ac aliis necessariis coquinario satis-

11 in] sub Sp. 13 pausis W. Walterus W. 19 Walteri W. 35 eisdem W Sp. 37 generali W Sp.

faciet plenarie, prout inter eos melius poterit convenire: cui rite in subsidium meliorationis et completionis generalium duos solidos ad minus impendet. inveniet insuper generaliter omnibus supervenientibus hospitibus, ab hora qua tabula de anniversario in capitulo lecta fuerit usque post completorium crastinae diei, tam in cibis et potibus quam in faeno et praebenda, omnia plenarie necessaria; nec alicui adventanti, pedestri videlicet aut equestri, negabitur ad portam introitus. monialibus vero de Kylbourne tam de pane et vino quam de coquina, prout aliis diebus de celerario et coquinario percipere solent, plenarie satisfaciet: quae quidem moniales propter hoc solita fercula de coquinario percipienda illo die nullatenus amittent. omnes vero famuli de curia, qui vinum et flacones percipere soliti sunt, et quotquot per chartas de celario corrodia recipiunt, ab eleemosinario hac ipsa die et non de celario conventus panem tantummodo et vinum recipient; et unam similiter pitanciam recipient ab eodem, qui alias habent pitanciam de Benfleth. necnon et trecenti pauperes refectionem ipsa die ab eodem recipient: quorum quilibet unum panem de pondere panis conventus factum, scilicet de mixtilone, est habiturus; et quilibet eorum qui voluerit unum potellum cervisiae, et qui vasa ad hoc non habent pro voluntate potabunt quantum necesse habent; qui similiter potagium habebunt, atque duo fercula de coquina prout diei convenit. panem insuper et cervisiam et non vinum ad mandatum inveniet; eo quod qui mandatum habent nunquam vinum admittunt, licet flacones recipiant. qui etiam panem admixtum fratrum de officio coquinae servientium invenire tenetur, sed non cervisiam. nec tenetur cervisiam invenire ad potum conventus post vesperas, nisi sponte velit de gratia speciali, nec etiam justas collationes invenire solet; sed procul dubio praesidenti in refectorio ipsa die et suis hospitibus post refectionem vinum atque cervisiam abundanter invenire tenetur; necnon et medonem conventui ad potum caritatis. qui quidem eleemosinarius non convenit antiquitus in magna quantitate braciare, nisi quater per annum; sed specialiter ad istud anniversarium tenetur sibi annuatim de optima providere cervisia.

Modification of his anniversary.

Postmodum autem facta est modificatio hujus anniversarii sub tali forma: videlicet quod quolibet anno, in vigilia prae-

9 Kelebourne d. 14 corredia d. 19 percipient d. 24 prout] secundum quod d. *om.* et cervisiam W Sp. 26 falciones W.

dictorum sanctorum, prior et conventus ejusdem loci Placebo et Dirige cum iii lectionibus, ut in aliis anniversariis principalibus fieri solet, cum campanarum pulsatione solemni decantabunt, duobus cereis ad tumbam ipsius continue ardentibus a vigilia praedicta usque ad finem missae de Requiem crastinae diei, quam decantabit prior vel alius custos ordinis loco ipsius: quo die eleemosinarius, qui pro tempore fuerit, distribuet pauperibus duo quarteria frumenti in panibus furnitis secundum usum loci praedicti, absque aliarum rerum distributione et eleemosinarum largitione, ut patet in compoto eleemosinarii Westmonasterii.

William Postard.

De Willelmo Postard abbate.

Willelmus Postard, prior Westmonasterii, Waltero abbate defuncto electus est in abbatem ejusdem loci anno eodem. iste Willelmus praesidebat huic ecclesiae annis decem mensibus quinque. hic etiam exoneravit ecclesiam Westmonasterii infra vii annos de mille et quingentis marcis argenti, de quorum solutione ante suam confirmationem obligata fuit. multa etiam alia bona huic monasterio contulit. obiit autem quarto die Maii anno domini mcci°, et regni regis Johannis anno secundo; sepultusque est in australi parte claustri ante cymbalum. cujus tale est epitaphium:

†4 May 1201 [?]. Buried in south cloister.

Postard Willelmus jacet in tellure sepultus
hic pater et pastor, qui fuit ante prior.

His anniversary.

De cujus anniversario reperitur in charta ejusdem abbatis sub hac forma, videlicet:

Cf. 'Domesday' f. 604.

Willelmus dei gratia abbas Westmonasterii omnibus sanctae matris ecclesiae filiis, ad quos praesens charta pervenerit, aeternam in domino salutem. noverit universitas vestra me divinae pietatis intuitu concessisse et pro salute mea et patris et matris et antecessorum meorum dedisse et hac praesenti charta mea confirmasse dilectis in Christo fratribus et filiis nostris, conventui videlicet Westmonasteriensi, viginti et unam marcas argenti ad infirmariam eorum sustentandam, singulis annis percipiendas et in perpetuum possidendas de residuo ecclesiarum de Okham et de Hameldone, per manum infirmarii qui pro tempore fuerit; ita ut in usus et necessitates fratrum infirmorum prout expedierit fideliter expendantur, et idem

15 decem] ix Sp. (with other changes). 36 Ocham d.

infirmarius anniversarium nostrum singulis annis in perpetuum honeste et decenter procuret. obtestor autem omnes successores meos abbates per tremendum judicium dei, ne ipsi ullam infractionem huic meae concessioni faciant vel fieri permittant. si quis vero hanc nostram donationem et concessionem in magno vel in minimo infringere voluerit vel alios ad hoc quomodolibet conduxerit, indignationem omnipotentis dei nisi resipiscat incurrat. ut autem haec nostra concessio in perpetuum robur obtineat, eam praesentis scripti testimonio et sigilli nostri appositione roboravimus, his testibus etc.

Ralph Papylon, de Arundel. 1201 [?].

De Radulfo Papylon abbate.

Anno domini millesimo cci° Radulphus Papilon, dictus de Arundell, electus est in abbatem Westmonasterii, Willelmo supradicto defuncto. ad instantiam autem hujus abbatis et pro veneratione sanctorum quos puro dilexit amore, prior et conventus ejusdem loci concesserunt ut quattuor festa, scilicet sanctorum Laurentii, Vincentii, Nicholai, et translationis sancti Benedicti, de caetero in capis celebrentur, ut patet in charta sequenti:

Celebration of four festivals. Cf. 'Domesday' f. 629*b*.

Omnibus sanctae matris ecclesiae filiis ad quos praesens scriptum pervenerit, R. dictus prior Westmonasterii et ejusdem loci conventus salutem aeternam in domino. noverit universitas vestra nos bono animo et unanimi assensu et voluntate et divini amoris obtentu concessisse et charta nostra in pleno capitulo nostro confirmasse venerabili et dilecto patri et abbati nostro Radulpho de Arundell, ad petitionem et voluntatem ipsius, incrementa iv festorum per anni revolutionem celebranda in capis et processionibus cum vinis et pitanciis honorabiliter in eisdem festis inveniendis: videlicet festum beati Laurentii, festum beati Vincentii, festum beati Nicholai, et festum translationis beati Benedicti: quae omnia, prius cum cervisia et pitanciis simpliciter statuta, cum vinis et pitanciis et processionibus statuimus honorabiliter celebranda. statuimus etiam quicquid fiat de pitanceria nostra vel festivitatibus similibus, ut scilicet aliter disponantur aut mutentur, ne aliquid de praedictis iv festivitatibus minuatur aut mutetur, si possibilitas assit, ut

2 decenter et honeste d. 3 dei iudicium d. 5 concessionem et donacionem d. 6 quolibet modo d. 15 puro]+corde Sp. dilexit]+et Sp. 27 festa W. 31 beati] sancti W. 34 pitancia W. vel] et W. 35 scilicet]+et W.

modo praenominato possint celebrari. hujus autem auctoritate confirmationis et caritativae assensu concessionis concessit et reddidit et confirmavit nobis idem venerabilis pater noster et abbas ad petitionem et voluntatem nostram manerium nostrum de Benflete, per aliquot annos ab eodem ad firmam possessum, cum omnibus pertinentiis, emendationibus, instauris, possessionibus, consuetudinibus, et omnibus rebus quaecumque fuerint ad idem manerium pertinentibus. ut autem haec confirmatio et concessio nullatenus a posteris, abbatibus videlicet seu prioribus vel quicunque alii fuerint, possit infringi, eam auctoritate beati Petri et omnium sanctorum et nostra confirmamus, ejusque infractores in pleno capitulo nostro data sententia vinculo anathematis innodantes, sigilli nostri appositione eam roboravimus.

He is deposed by the Pope's legate. (Cf. *Flores Hist.* II 146 f.)

Hujus autem Radulphi tempore fuit magna controversia et contentio inter ipsum et conventum ejusdem loci, ut postea rei probavit effectus, ut in xiv° anno post electionem suam, videlicet die Jovis post festum sancti Michaelis, Nicholaus Tusculanus episcopus legatus domini papae in Angliam, accessit apud Westmonasterium, moram ibi faciens per xviii dies, ubi diligentem tractatum habuit cum conventu ipsius ecclesiae de reformatione temporalium et spiritualium. et cito post festum natalis domini per dictum legatum depositus est praedictus abbas, per Nicholaum abbatem de Waltham missum ex parte legati ad executionem depositionis faciendam, in crastino sancti Vincentii fracto sigillo ipsius in capitulo. haec Flores Historiarum.

23 Jan. 1214.

The manors of Todyngton and Sonnebury are assigned to him.

Post degradationem vero suam assignatum fuit ei ad terminum vitae suae manerium de Todyngton cum pertinentiis ob honorem pristinae dignitatis, similiter et manerium de Sonnebury. quae quidem maneria per praedictum Nicholaum Tusculanensem episcopum et abbatem de Waltham eidem sunt assignata, et per Willelmum Humez dicti Radulphi successorem confirmata, reservata tamen eidem Willelmo donatione ecclesiae de Sonnebury.

†12 Aug. (1223). Buried in the nave.

Obiit autem xii° die mensis Augusti: et sepultus est in navi ecclesiae. cujus animae propitietur deus. amen.

3 *om.* et 2° W. 5 Bemflete W. 19 episcopus legatus] Fl.; legatus et episcopus W; episcopus Sp. 19 accessit] + et Sp. 20 *om.* ibi Sp. 28 *om.* vero W. 34, 35 reservata *post* Sonnebury W. 34 donationem W.

Wm. Humez, formerly prior of Frampton, 4 May 1214. (Cf. *Flores Hist.* II 147 f.)

De Willelmo Humez abbate.

Willelmus de Humez natione Normannus, prior Frontoniae et monachus Cadomensis, eodem anno successit Radulpho deposito, et dominica in crastino inventionis sanctae crucis electus est in abbatem Westmonasterii; et viii kalendas Junii, die sancti Urbani, dominica scilicet sanctae trinitatis, accepit benedictionem a Willelmo de sanctae Mariae ecclesia Londoniensi episcopo.

Composition with the convent (cf. 'Domesd.' f. 659).

Iste assignavit conventui redditum centum et quinquaginta librarum xi solidorum ix denariorum ad eorum coquinam sustinendam in maneriis et redditibus assisis, prout patet in quadam charta inde confecta; ea conditione quod si ex debitis, placitis, vel aliis casibus fortuitis, conventus impeditus fuerit quominus praedicta maneria et redditus pacifice possideat, et praedictas possessiones warantizare non poterunt praedictus abbas et successores sui, tunc praedicto conventui antiquam praestationem octo solidorum per singulos dies dicto conventui restituent, infractores et diminutores excommunicationis vinculo innodante.

Controversy with bp of London, 1222 (from *Flores Hist.* II 174 f.).

Praefuit autem huic loco praedictus Willelmus viii annis. in cujus anno ultimo, ut habetur in libro qui vocatur Flores Historiarum, sedata est controversia mota inter Eustachium episcopum Londoniensem et capitulum sancti Pauli ex parte una et Willelmum tunc abbatem et conventum Westmonasterii ex altera, per Stephanum Cantuariensem archiepiscopum, Petrum Wyntoniae, Ricardum Sarum episcopos, et Thomam de Mertona et Ricardum de Dunstaple priores, in quos ambae partes tanquam arbitros et pacis ordinatores consenserunt; qui monasterium Westmonasterii ab omnimoda subjectione et jurisdictione episcopi Londoniensis penitus exemptum declaraverunt; et ordinaverunt quod ecclesia de Stanes cum pertinentiis in usus proprios ecclesiae Westmonasteriensis convertatur, et manerium de Sunnebury in proprietates episcopi Londoniae et ecclesia ejusdem manerii cedat in usus proprios ecclesiae sancti Pauli in perpetuum. et ecclesiam sanctae Margaretae cum tota parochia, cum omnibus capellis in parochia aliquando contentis, cum decimis et omnibus pertinentiis, cum clericis et laicis in ea habitantibus, ab omni praelatione et jurisdictione episcopi Londoniensis et officialium ejus et ecclesiae Londoni-

Cf. p. 61.

9 *om.* et quinquaginta W Sp. 10 xi] x W.

ensis libera et exempta et penitus in perpetuum absoluta, et Romanae ecclesiae sine omni exemptione nullo mediante subjecta, sententialiter declaraverunt. adjeceruntque quod benedictiones abbatum, dedicationes ecclesiarum et capellarum infra limites dictae parochiae constructarum vel in posterum construendarum, consecrationes altarium, ordinationes monachorum et clericorum secularium, confirmationes puerorum, oleum et chrisma, et si qua sunt similia sacramenta, ubicumque et a quocumque voluerint episcopo absque contradictione omnimoda Londoniensis ecclesiae in perpetuum recipient. haec ibidem.

†20 Apr. 1222. Buried in south cloister.

Obiit autem xii kalendas Maii anno domini millesimo ccxxii° et regni regis Henrici tertii sexto; sepultusque est in australi parte claustri, et jacet ad caput abbatis Gervasii in tumba marmorea cum imagine ipsius supercomposita, pontificalibus indumentis adornata, ut patet ibidem. cujus tale est epitaphium:

Ortus ab Humeto Willelmus huic venerando
praefuit iste loco, nunc tumulatus humo.

His anniversary (cf. 'Domesd.' f. 124 *b*).

Cujus anniversarii tenor sequitur in hunc modum: Omnibus Christi fidelibus praesens scriptum inspecturis Willelmus dei gratia abbas Westmonasterii salutem in domino. noverit universitas vestra nos unanimi voluntate et consensu conventus nostri assignasse redditum xl solidorum, provenientem de manerio de Hampstede, ad incrementum coquinae conventus, simul cum maneriis et omnibus redditibus contentis in charta quam super assignatione ejusdem coquinae praedicto conventui assignavimus. praeterea xl solidos quos contra Ivonem de Dene in curia domini regis dirationavimus, simul cum omnibus decimis de Perschore, quas de monachis de Malvernia per compositionem auctoritate judicum a domino papa delegatorum inter nos factam habuimus, infirmario qui pro tempore fuerit ad faciendum honorabile anniversarium nostrum, tam in refectione conventus quam centum pauperum, concedimus et praesenti scripto confirmamus. et quia ob honorem et reverentiam beati

F. of Transl. of K. Edmund.

regis Edmundi volumus festum translationis ejusdem in capis cum debita devotione solemniter venerari, redditum xx solidorum, provenientem de terra Roberti Bassett in villa de

1 in perpetuum] Sp. d; *om.* W. 13 sub lapide marmoreo Sp. 15 adornata] + et sculpta Sp. 24 Hamstede d. 28 den̄ W.; den d; denariis Sp. 29 persore d.

Suttone, ad refectionem conventus nostri praedicto festo assignamus. et ut praedictae assignationes et concessiones nostrae firmitatis robur obtineant, ipsas sigilli nostri munimine duximus roborandas.

Richard Berking.

De Ricardo Berkyng abbate.

Blessed by bp of Winchester, 18 Sep. 1222. Cf. *Flores Hist.* II 176, and 314.

Ricardus de Berkyng, mortuo Willelmo supradicto, de priore Westmonasterii electus est in abbatem ejusdem loci; et xvi° kalendas Octobris a domino Petro de Rupibus Wintoniae episcopo in ecclesia Westmonasterii primus benedictionem accepit. iste piae recordationis pater et vir prudens, competenter litteratus et maturis moribus decoratus; qui sua strenuitate redditus domus suae ad incrementum circiter ccc marcarum annuarum prudenter ampliavit, et multarum libertatum munimentis roboravit; nulli tamen vicinorum suorum molestus fuit aut onerosus. haec in Flores Historiarum.

Treasurer of England.

Tantamque deus ei contulit gratiam, ut regi Henrico iii° cunctisque regni proceribus per omnia complaceret: ita tamen quod ejusdem regis consiliarius fuerat specialis ac baro scaccarii principalis, deinde Angliae thesaurarius; quo in tempore acquisivit magnam chartam de libertatibus a rege praedicto; aliam quoque de finibus hominum suorum; chartam quoque de octo damis percipiendis ad festum sancti Petri quod dicitur Ad vincula, sumptibus dicti regis capiendis et deferendis apud Westmonasterium festivitate praedicta. impetravit etiam a papa Honorio solemnem benedictionem super populum, ac etiam ab eodem papa indulgentiam de prima tonsura suis clericis conferenda.

He improves the estates. Cf. 'Domesd.' f. 294*b*.

Idem impetravit chartam ab eodem (*sc.* regi) de quodam assarto, quod continet plusquam unam carucatam terrae in manerio suo de Istelepe, extra boscum suum qui vocatur Cauda Aliciae, in comitatu Oxoniae. idem acquisivit ecclesiam de Ocham sumptibus suis et cum manerio de Thorpe in usus proprios ecclesiae Westmonasteriensis; et super hoc obtinuit chartam domini Hugonis episcopi et capituli Lincolniae. idem acquisivit sumptibus suis et sumptibus conventus ecclesiam de Aswell in usus proprios sententialiter adjudicatam ecclesiae Westmonasteriensi, per dominum Robertum Grosseteste epis-

11 maturis] Sp.; naturis W; multis Fl. 13 multorum W Sp. 24 Honorio] + tercio Sp. 27, 30 Idem] Item Sp. (*et sic infra*). 28 assarto] d; effarto vel essarto W; essarto Sp. 30 Aliciae] Sp.; Alic' W; Aliz d. 31 et] *sic* W Sp. 33 episcopi] secundi Sp. 35 Aschwell Sp.

copum Lincolniae eidem confirmatam. idem acquisivit ecclesiam de Patricheseye in usus proprios sumptibus suis contra P. de Rupibus episcopum Wintoniae. idem acquisivit et emit castrum de Morton Folet et medietatem totius manerii, et medietatem manerii de Langedon cum capitali domo de Langedon, et medietatem forestae quae spectat ad manerium de Morton, de Philippo filio Agnetis sororis Roberti Folet et de Avicia Folet sorore praedicti Roberti; quia post mortem Reginaldi Folet filii Roberti Folet, qui obiit sine herede, de se pervenit hereditas dicti Reginaldi ad iv sorores Roberti patris sui; scilicet Agnetem Folet, Aviciam, Amphelisam et Akynam: unde idem abbas partem Philippi provenientem per Agnetem et partem Aviciae emit, sicut dictum est, et chartas eorum super hoc obtinuit. medietas etiam manerii de Chadeleghe, quae spectare debuit ad praedictum Philippum et Aviciam, reverti deberet ad abbatem post mortem Margaretae, quae fuit uxor Reginaldi Pholett senioris, quae manerium de Chadeleghe tenet in dotem; unde chirographum factum est apud Wygorniam inter abbatem Westmonasterii ex una parte et Willelmum de Salso Marisco, filium praedictae Amphelisae tertiae sororis Roberti Folett, et inter Ricardum de Muchegros, qui per Akynam quartam sororem Roberti Folet ingressum habuit in partem suam de praedictis maneriis. idem acquisivit assartum quod continet duas carucatas terrae in manerio de Morton, in loco qui dicitur Sarperegge, de bosco suo proprio. idem acquisivit ecclesiam de Strengesham cum redditu septem solidorum et tota sequela sua in perpetuum. idem acquisivit viginti quattuor solidatas quieti redditus in Pendok cum duobus tenentibus, qui inde debent respondere sacristae Westmonasterii. idem aedificavit villam novae Morton in Hennemers in comitatu Gloucestriae, et assignavit redditum dictae villae ad anniversarium suum faciendum de assensu conventus, salvis aliis proventibus dictae villae abbatibus qui pro tempore fuerint. idem emit xii acras prati in Todeham de Radulpho le Poer, et chartam ipsius super hoc obtinuit. idem acquisivit in Whethampstede unam carucatam terrae contra Robertum de Caville et aliam carucatam contra Godefridum le Chamberlenge, et xx acras terrae et unam marcatam redditus contra Galfridum Noel. idem acquisivit tria molendina et octo

8 sororis W Sp. 19 Sallo W Sp. 20 filium] + filie Sp. 27 solidos Sp. 30 henmersche Sp. 34 de poher Sp. 35 Whathamstede Sp.

solidatas redditus contra Ricardum de Bynham in Perschore, scilicet unum fullatorium et duo ad bladum. idem acquisivit insulam extra Eye de Laurentio filio Willelmi le Petit cum molendino, et chartam ipsius obtinuit, simul cum charta Willelmi de Herlaue de warantizatione, quia insula illa fuit de feodo suo et solebat inde recipere singulis annis sex marcas, sed nil modo reddit. idem augmentavit redditum manerii de Pireford per quaedam essarta ibidem facta de l solidis et amplius ultra veterem firmam. idem liberavit abbatiam a praestatione decem librarum, quas vicecomes Essexiae et Hertford solebat percipere de abbate singulis annis pro visu franci plegii et pro secta hominum suorum in praedictis comitatibus: de qua praestatione et secta omnes homines sui sunt quieti.

Tapestries in the choir. **(Cf. p. 24.)**

Duas etiam cortinas sive dorsalia chori de historia domini salvatoris et beati regis Edwardi sumptibus propriis et expensis fieri procuravit, ac eidem ecclesiae dedit et reliquit. multa quoque alia bona fecit praedicto monasterio, quae non sunt scripta in libro hoc, et toto tempore vitae suae ecclesiam praedictam strenuissime rexit.

Prayers for departed brethren.

constituit quoque anno octavo sui regiminis in pleno capitulo ex consensu totius conventus, quod quilibet frater apud Westmonasterium habitum suscipiens monachalem, et in eodem habitu usque ad finem vitae perseverans, ubicumque diem clauserit extremum, habeat corrodium suum annuale in refectorio in ordine suo ad stallum suum in omnibus plene recipiendum, et ab eleemosinario qui pro tempore fuerit pro fratre defuncto fideliter conferendum sacerdoti idoneo et honesto, qui pro fratre defuncto per totum annum orationes faciat speciales, divina cum vigiliis et commendatione sub religione sacramenti diebus singulis celebrando. recipiet etiam eleemosinarius a camerario qui pro tempore fuerit omnia quae ad vesturam et calcituram fratris defuncti pertinebant, sine aliqua diminucione, dicto capellano pro anima fratris defuncti fideliter eroganda, et sub interminatione anathematis in usus alios nullatenus transferenda; quod si aliter fiat, sciat se illarum rerum distributor excommunicationis vinculo innodari.

Feast of Relics, etc.

ordinavit etiam ut festivitas reliquiarum hujus ecclesiae cum majori veneratione quam consuevit, sicut nativitas beatae Mariae et aliae festivitates secundae dignitatis, solemniter in perpetuum celebretur. ordi-

10 Herefordie Sp. 24 in 3°] cum Sp. 31 *om.* pertinebant...defuncti W (*per homoeotel.*).

natum est autem per ipsum abbatem ad instantiam et petitionem Henrici iii regis, specialis hujus loci benefactoris, quod tribus diebus sequentibus festivitatem translationis beati regis Edwardi fiat servicium sicut in duplici festo, in pulsatione campanarum et aliis, et celebrabitur singulis diebus missa in capis. placuit autem praedicto abbati ad instantiam et petitionem conventus sui, ut per unitatis vinculum membra capiti fortius debeant adhaerere ad sustentationem suam in pane et cervisia, et ad omnes liberationes in curia Westmonasteriensi de jure faciendas, in maneriis, redditibus et possessionibus, et in segregatis portionibus eisdem providere, ut in compositione inde facta evidentius apparet, sigillis praedictorum abbatis et conventus sigillata anno domini millesimo ccxxv^{to}, et regni regis Henrici filii Johannis x^{mo}, et praedicti abbatis anno iv^{to}; universis et singulis de conventu Westmonasterii grates et gratiarum actiones unanimiter referentibus, tanquam patri et pastori. istam compositionem ad instantiam prioris et conventus Westmonasterii Gregorius papa ix^{us} confirmavit, districtius inhibens ne praedicta maneria in usus alios convertantur.

†23 Nov. 1246. Obiit autem pater iste xxiii^{o} die Novembris anno domini millesimo ccxlvi^{to}, et regni regis Henrici tertii xxx^{o}, cum praefuisset et laudabiliter gubernasset per xxiv annos; sepultusque (Buried in the Lady chapel.) erat ante medium altaris in capella beatissimae Mariae virginis in tumba marmorea decenter ornata, qua postmodum tempore (Peter Combe destroys his tomb.) Willelmi Colchestre abbatis ejusdem loci per fratrem Petrum Coumbe tunc sacristam diruta et destructa, in eodem loco sub plano lapide, ut hodie cernitur, ubi nunc in pace requiescit. cujus tale est epitaphium:

Ricardus Berkyng prior et post inclitus abbas:
Henrici regis prudens fuit iste minister.
hujus erat prima laus Insula rebus opima:
altera laus aeque Thorp, census Ocham decimaeque:
tertia Mortonae Castrum simili ratione;
et regis quarta de multis commoda charta.
Clementis festo mundo migravit ab isto,
M domini C bis XL sextoque sub anno.
cui detur venia per te, pia virgo Maria.

1 autem] enim Sp. 12 sigillatis W Sp. 15 unanimiter] + dicto abbati Sp. 24 que Sp. 27 lapide] + marmoreo Sp. 29 *om.* Ricardus—minister W. 35 f. *om.* Clementis—anno W.

His anniversary (cf. 'Domesd.' f. 400).

Tenor autem anniversarii praedicti abbatis sequitur in hunc modum: Omnibus Christi fidelibus praesens scriptum inspecturis Ricardus dei gratia abbas Westmonasterii salutem in domino. noverit universitas vestra nos de consensu et voluntate prioris et conventus nostri concessisse ordinasse et assignasse ad anniversarium nostrum faciendum totum redditum novae villae de Mortone in Hennemers, quae facta est tempore nostro, et duas marcas quieti redditus de terra quae fuit Walteri del Fryth, quam perquisivimus in Hendone: quas sacrista Westmonasterii, qui pro tempore fuerit, recipiet per manum Adae de Basynges et heredum suorum; salvis homagiis, releviis, cum mercato et halimoto, et perquisitionibus de praedicta nova villa de Mortone provenientibus, quas abbates successores nostri percipient in perpetuum. praedictum vero anniversarium sic disposuimus per manum sacristae praedicti faciendum: videlicet quod post vigilias defunctorum quas constituimus solemniter decantandas, et post officium in crastino in choro celebratum, centum pauperes in pane et cervisia cum potagio et uno ferculo carnis sive piscis pascantur; et conventus habeat in refectorio vinum et duas pitancias bonas et competentes. dictum vero anniversarium fiet quamdiu vixerimus pro animabus patris et matris meae in crastino sancti Matthei apostoli: persona vero nostra sublata de medio omnes praedicti redditus ad anniversarium nostrum revertantur, exceptis xx solidis, quos assignamus ad inveniendum cervisiam et unam pitanciam conventui in refectorio in memorato anniversario patris et matris meae. nos autem in pleno capitulo conventu nostro assentiente excommunicavimus solemniter omnes illos qui aliquid de praedictis redditibus subtrahent vel diminuent vel in alios usus convertent. ut autem praesens ordinatio et assignatio perpetuum robur obtineat firmitatis, praesenti scripto sigillum nostrum una cum sigillo capituli nostri duximus apponendum, et ipsum scriptum in thesauraria Westmonasterii decrevimus reservandum, sub testimonio salvatoris nostri crucifixi et beatae Mariae et omnium sanctorum quorum reliquiae in nostra ecclesia requiescunt.

A warning to the obedientiaries.

Praedictus autem abbas anno gratiae millesimo ccxxxviii° vi^to^ kalendas Septembris, scilicet in die sancti Rufi martyris, et

15 *om.* praedicti d Sp. 21 nostre d. 22 Mathie d. 24 revertentur d. quas W Sp. 26 nostre d.

xvi° anno sui regiminis, excommunicavit ad instantiam totius conventus omnes obedientiarios subscriptos: scilicet sacristam, infirmarium, camerarium, coquinarium, eleemosinarium, celerarium, pitanciarium, et procuratores conventus de rebus exterioribus, qui aliquid subtrahent vel alienabunt vel in usus proprios convertent de obedientiis suis vel proventibus obedientiarum occasione amotionis suae: hoc salvo quod ea quae de catallis tempore amotionis suae in obedientiis invenientur ipsis ad acquietanda debita sua assignentur, si contingat eos debitis obligari; vel pretium catallorum inventorum ipsis restituantur amovendis, et sic catalla succedentibus relinquantur.

Two green copes.

Quo etiam die praedictus abbas in capitulo coram toto conventu dedit ecclesiae Westmonasteriensi duas capas virides brudatas (unde una cum armis antiquis Angliae et nodis intermixtis) quas emerat sumptibus suis propriis ad dei laudem et ecclesiae cui praesidebat proficuum et honorem. discant igitur abbates futuri hujus pastoris vestigia sequi, qui dum in hac mortali carne viveret speculum bonorum operum factus est mundo, et praecipue huic monasterio, ut patet superius: et ideo cum Christo jam sine fine gaudet in caelis.

A pattern abbot.

Richard Crokesley.

De Richardo de Crokesley abbate.

From *Flores Hist.* II 320 f. Elected [16] Dec. 1246, the day of the canonization of abp Edmund,

Ricardus de Crokesley successit Ricardo praedicto. de quo taliter scribitur in libro qui vocatur Flores Historiarum: Eodem die, quo sanctus Edmundus archiepiscopus Cantuariensis per Innocentium papam quartum canonizatus est, videlicet dominica proxima ante natale domini, magister Ricardus de Crokesley apud Westmonasterium, ejusdem ecclesiae archidiaconus, in abbatem ejusdem loci unanimi consensu totius conventus rite electus est; tum quia ipsi officio idoneus ac sufficiens reperiebatur, tum quia domino regi, in cujus manu opus ecclesiae praedictae, immo totius ecclesiae status dependebat, erat familiaris et acceptus. electus est, inquam, die canonizationis beati Edmundi, non sine dei nutu, ut pium arbitror sentiendum, quatenus ambo una die et amator et amatus honoris susciperent multipliciter incrementum. unde per idem tempus, dicto rege impetrante,

6 *om.* suis W. provenientibus Sp. 7 ea] eo W d; *om.* hoc—suae *per homoeot.* Sp. 21 Christo] + ut credimus Sp. 27 proxima] *sed cf.* Flor. Hist. II. 315, 319 f., 'qua videlicet cantatur *Gaudete in domino.*' 31 praedictae] semirutum Fl. 35 amator] honoris amator W Sp. Fl. (*sed corr. ed. Flor.*) 36 dicto] domino Fl.

ampliata est ejusdem abbatis dignitas, ut videlicet pontificaliter per omnia missam celebraret. erat enim, dum adhuc idem abbas archidiaconatus fungeretur officio, dominus Ricardus memoratus beati Edmundi devotus amator et indefessus: quod quidem electus recolens, non ingratus retributor, quandam capellam juxta septentrionale ostium ecclesiae suae ad honorem dicti archiepiscopi censuit merito dedicandam. hic siquidem cito post creationem suam, loco prioris sui Petri, viri sancti ac religiosissimi (qui propter vitae sanctae suae eminentiam in capella hospitum, quam dictus rex condidit, meruit honorabilem sepulturam) dominum Mauricium praecentorem, virum approbatum, in honorem prioratus merito subrogavit. haec ibidem.

for whom he built a chapel by the north door.

Controversy with the convent.

Hic autem quinto anno sui regiminis, cum ex occasione cujusdam compositionis inter Ricardum Berkyng abbatem Westmonasterii et conventum loci ejusdem, quamplurimae inter praedictum Ricardum et ejus conventum contentiones exortae fuissent—mediantibus dominis W. Bathoniensi et Wellensi episcopo et Johanne Maunsell praeposito Beverlaci, assensu quoque domini Henrici iii illustris regis Angliae, lis conquievit amicabiliter inter ipsos in hunc modum: videlicet quod de compositione praefata tres tollantur articuli, qui causam dederunt contentioni; scilicet de obedientiariis per abbatem non amovendis, de carnibus monachis inveniendis, et de eorum maneriis non visitandis; ut patet ex quadam compositione inde facta, tam sigillis praedictorum abbatis et conventus signata quam etiam domini regis et praedictorum dominorum signis roborata.

F. of Annunciation,

and of St Maurice. (Cf. p. 71, l. 10.)

Iste autem abbas ob reverentiam beatae dei genitricis Mariae, primo anno suae creationis, ex unanimi voluntate totius conventus in pleno capitulo statuit ut annuntiatio beatae Mariae eodem modo et ordine celebretur in perpetuum quo illius celebratur nativitas, videlicet in quinque capis. ac etiam ad instantiam domini regis Henrici ordinavit ut festivitas sancti Mauricii cum sociis suis in tribus capis de caetero celebraretur, cum processione post tertiam in capis. ecclesiam etiam de Feryng Londoniensis dioceseos praedictus Ricardus abbas appropriavit pro anniversario clarae memoriae regis Henrici tertii et

3 archidiaconus W. 4 et] ac Fl. 7 *om.* siquidem Sp. 8 *om.* Petri W. 10 dictus] dominus Fl.

Cf. 'Domesd.' f. 274.

consortis ejusdem, ut patet in bulla Innocentii iv^{ti} in magna chartuaria, folio 274°. unde ex ordinatione praedicti abbatis tam in vigilia quam etiam in die anniversarii praedicti regis, videlicet in festo sancti Edmundi archiepiscopi, servietur abbati et conventui cum duobus pitanciis ac etiam cum siminellis, et quilibet monachus ipso die habebit unam lagenam vini, cum aliis oneribus tanti regi exsequiis congruis et condignis.

F. of St Edmund of Canterbury.

Property of convent during vacancy.

Acquisivit etiam praedictus abbas a rege praedicto, quod prior et conventus haberent liberam administrationem de bonis suis separatis tempore vacationis, ut in charta sequenti:

Cf. 'Domesd.' f. 64.

Henricus dei gratia, etc. et infra: Cum bona abbatis Westmonasterii et ejusdem loci prioris et conventus discreta sint abinvicem et separata, volentes indemnitati et tranquillitati eorundem prioris et conventus providere, concedimus eis pro nobis et heredibus nostris, quod quotienscumque abbatiam praedictam vacare contigerit per cessionem vel decessum abbatum suorum, habeant ipsi prior et conventus liberam administrationem de bonis suis separatis; salva nobis et heredibus nostris tempore vacationis praedictae custodia de bonis ad praedictos abbates pertinentibus. in cujus rei testimonium has litteras nostras praedictis priori et conventui fieri fecimus patentes. teste me ipso apud sanctum Edmundum vi die Septembris anno regni nostri xxxvi^{to}.

†17 July 1258.

Obiit autem xvii^{o} die mensis Julii apud Wyntoniam, in parliamento tento ibidem, anno domini millesimo cclviii^{o}, regni vero Henrici iii xlii^{o}, cum praefuisset eidem ecclesiae xii annis; sepultusque erat apud Westmonasterium in capella sancti Edmundi archiepiscopi, quam ipse construxerat, ut praedicitur, in tumba decenter et honorifice praeparata. succedente tamen post obitum ejus aliquanto tempore, tum propter aedificationem domus quae prope galileam sacristriae quae celarium dicebatur, tum propter novum opus navis ecclesiae postea inchoandum, praefata capella sancti Edmundi exinde fuit dejecta et ablata, sepulcrumque ipsius cum corpore, ut fertur, totaliter amotum, et in capella sancti Nicholai sub parvo plano lapide marmoreo ante medium altaris est repositum. cujus corpus postmodum tempore regis Henrici sexti a fratribus ejusdem monasterii et aliis quamplurimis visum est, integra-

Buried in chapel of St Edmund of Canterbury, which was afterwards pulled down.

Removed to chapel of St Nicholas.

16 vel] et W. 22 die] kal. W.

liter pontificalibus indutum, in lapide magno et concavo positum. cujus tale est epitaphium:

Jam Wyntonapolis de Crokesleye Ricardo
mortis amara dedit, et locus iste capit.

His anniversary (cf. 'Domesd.' f. 118 *b*).

Ad ejus anniversarium, sub forma quae sequitur solemniter celebrandum singulis annis, assignavit manerium de Hampstede et de Stoke cum aliis redditibus: videlicet ut in vigilia et in anniversarii die praedicti solemnis fiat pulsatio campanarum, ut moris est, ad quam assignavit xiii solidos iv denarios annuatim. ipso quoque die ante missam fiat erogatio mille pauperibus, et per sex dies continuos sequentes quolibet die quingentis, cuilibet pauperi unum denarium; ad quod assignavit xvi libras xiii solidos iv denarios. eodem quoque die a conventu in capis missa celebrabitur, et in refectorio eisdem servietur cum pane, vino, duabus pitanciis et uno entremes de coquina; pro qua assignavit vii libras, et dimidiam marcam inter servientes abbatiae dividendam. ordinavit etiam quod quatuor monachi singulis diebus in perpetuum pro anima ipsius celebrent ad quatuor altaria; scilicet ad altare beatae Mariae virginis unus missam celebrabit de sancta Maria, alius ad altare sanctae trinitatis de spiritu sancto, tertius ad altare beati regis Edwardi de ipso sancto, quartus ad altare beati Edmundi confessoris specialiter pro anima ipsius; ita quod in qualibet hujusmodi missarum specialis fiat oratio et memoria: ad quorum sustentationem assignavit xx libras. ordinavit etiam ut omni die pro perpetuo, si infra monasterium sepultus fuerit, quod circa tumbam illius sint iv cerei, dum missa pro ejus anima celebratur, continue ardentes. et si extra monasterium sepultus fuerit, tunc ex iv cereis praedictis sint duo ad altare sanctae trinitatis, alii duo ad altare beati Edmundi confessoris, dum missae celebrantur pro eo ardentes; ita quod in die anniversarii sui vel circa tumbam ipsam vel ante altaria, ut praedicitur, iv cerei praedicti per totum diem ardeant; pro quibus assignavit lx solidos. similiter etiam ordinavit unam lampadem continue ardentem in capella de Totehill ante crucem, et unum cereum continue ardentem ante altare beatae Mariae Magdalenae dum missa ibidem celebratur; et pro hoc assignavit unam marcam. et per manus infirmarii qui pro tempore

35 Tothulle d.

fuerit omnia praedicta sunt implenda; assignans eidem manerium de Hampstede et manerium de Stokes cum suis pertinentiis, totum redditum de socna de Moun, et alios redditus, etc.; excommunicans omnes illos, una cum omnibus presbyteris dicti monasterii in unum congregatis, qui fraudulenter et injuste de hac ordinatione aliquid subtraxerint et in alios usus permutaverint; sigillis domini regis, praedicti abbatis, et conventus huic ordinationi appositis; data in capitulo die Veneris proxima post festum sanctae Barnabae apostoli anno domini millesimo cclvi^{to}.

Confirmed by the pope (cf. 'Domesd.' f. 120);

Acquisivit etiam confirmationem dicti anniversarii ab Alexandro papa iv^{o} in haec verba: Alexander episcopus servus servorum dei dilecto filio Ricardo, capellano nostro, abbati Westmonasterii, etc. et infra: Volentes ut hujus tua dispositio perpetuis temporibus inviolabiliter observetur, id auctoritate apostolica confirmamus.

but soon afterwards reduced to a reasonable limit.

Sed tandem post obitum abbatis praedicti infra decem annos, impetrata modificatione super eodem anniversario a papa Clemente iv^{o}, per ordinationem abbatis de Waltham et aliorum in hac parte judicum delegatorum, ad moderatam formam redactum est; videlicet pro anniversario praedicto decem marcae in perpetuum assignentur, prout in littera abbatis de Certeseya auctoritate domini Clementis papae iv plenius continetur, quae sic incipit: Viris venerabilibus et religiosis, domino R. dei gratia abbati Westmonasteriensi, etc. et infra: Nos igitur quod ab eodem abbate de Waltham et a vobis factum est in hac parte ratum habentes, vos et singulos vestrum, qui sententiam hujusmodi forsitan incurrerunt, auctoritate nobis in hac parte commissa absolvimus. et super irregularitate, si quam vos immiscendo divinis sententia praedicta ligati incurristis, vobis cum auctoritate hujusmodi dispensamus, vobis in remissionem peccatorum et nomine paenitentiae injungentes ut praedictum decem marcarum redditum in usus anniversarii praedicti de caetero fideliter dispensetis, etc.

Cf. 'Domesd.' f. 121 *b*.

Praedictus autem rex anno regni sui xlii^{o} <mandavit> per litteras suas Adae Ayston custodi abbatiae Westmonasteriensis, quod cum bona prioris et conventus Westmonasterii penitus separata sint a portione abbatis ejusdem loci, de bonis et portionibus ad ipsos priorem et conventum spectantibus in nullo se

14 hius d. 30 in miscendo W. legati W.

intromitteret, sed ipsos de eisdem libere disponere permitteret, sicut prius facere consueverunt. sub data apud Westmonasterium xxiv° die Julii.

Philip Lewesham, elected Aug. (1258).

De Philippo Levesham abbate.

Philippus Levesham, prior Westmonasterii, post mortem praedicti Ricardi abbatis mense Augusti in abbatem illius loci fratrum communi assensu electus est; transfretansque postmodum ad curiam Romanam pro confirmatione sua obtinenda, ibidem diem clausit extremum anno domini millesimo cclix°, et regni regis Henrici tertii xliii°. et sic vacavit abbatia Westmonasterii a xvii° die mensis Julii, quo die praedictus Ricardus de Crokesleye obiit, ut supra, usque ad confirmationem Ricardi de Ware, videlicet per duos annos et amplius.

†1259 [?].

Richard Ware

De Ricardo de Ware abbate Westmonasterii.

Richardus de Ware post mortem praedicti Philippi electus est in abbatem Westmonasterii per viam compromissi; transfretansque ad curiam Romanam confirmationem suam quam citius impetravit, et sic a papa inde recessit. repatriando tamen adduxit mercatores et operarios, ducentes secum lapides illos porphyriticos, jaspides, et marmora de Thaso, quos sumptibus suis propriis emerat ibidem. ex quibus ipsi operarii coram magno altari Westmonasterii mirandi operis fecerunt pavimentum: in cujus latere boreali dicto abbati sub opere praedicto decentissimam composuerunt ipso praecipiente sepulturam.

brings home workmen from Rome: who made the great pavement,

Versus in praedicto pavimento circulariter scripti:

Si lector posita prudenter cuncta revolvat,
  hic finem primi mobilis inveniet.
sepes trima; canes et equos hominesque subaddas,
cervos et corvos, aquilas, immania cetae,
mundum: quodque sequens preeuntis triplicat annos.

Sphericus architypum globus hic monstrat macrocosmum.

A.D. 1268.

Christi milleno bis centeno duodeno
cum sexageno, subductis quatuor, anno,
tertius Henricus rex, urbs, Odoricus et abbas
  hos compegere porphyreos lapides.

28 trima] trina W Sp. (but cf. MS Arund. 30 in Heralds' College, cited by Lethaby *Westm. Abbey and the King's Craftsmen*, p. 311). superaddas Sp. 33 anno] uno W. 34 urbis W. 35 lapides] *At this point Sporley adds the following explanations*: Intellectus quattuor versuum predict-

The Customary.

Librum quoque Consuetudinarium, in iv partes divisum, et ad communem omnium utilitatem permaxime necessarium, tam pro divino officio quam etiam pro diversis hujus monasterii consuetudinibus, ex totius conventus assensu fieri mandavit: ac tres partes ejusdem in uno volumine in custodia praecentoris et succentoris remanere decrevit, quartam autem partem ordinis sub custodibus reponi ordinavit. et felicis memoriae frater Willelmus Haseley in hoc opere praecipue laborans ad finem debitum perduxit.

Treasurer of England.

Iste quidem vir sapiens et discretus factus est regis et regni thesaurarius, et similiter specialis ejusdem regis consiliarius. qui ecclesiam suam de sexcentis marcis exoneravit, in quibus obligata fuerat diversis mercatoribus pro negotiis praedicti Philippi abbatis Westmonasterii electi exsequendis in curia Romana,

orum. Christi milleno etc.: anno domini millesimo ducentesimo sexagesimo octavo. rex: Henricus tertius. urbs: Roma. Odoricus: sc. caementarius. abbas: sc. Ricardus de Ware. compegere: sc. composuerunt. hos lapides porphyriticos: id est, diversi coloris in pavimento supradicto.

Intellectus illius versus in medio dicti pavimenti per circuitum unius lapidis rotundi, qui sic incipit: Sphericus etc. sphericus globus: sive lapis iste rotundus habens in se colores quattuor elementorum hujus mundi, videlicet ignis aeris aquae et terrae. monstrat: i.e. declarat in se. macrocosmum: i.e. majorem mundum. archetypum: i.e. figurativum principalem. microcosmus enim dicitur minor mundus, sc. homo; macrocosmus dicitur major mundus, iste videlicet in quo nos habitamus.

Intellectus autem quinque versuum in quadrangulis talis est. Si lector posita etc.: sic nota quod primum mobile dicitur proprie mundus iste, cujus aetatem sive finem scriptor ex quadam imaginatione sua per incrementum numeri triplicati dicit aestimandum, sic: Sepes trina: i.e. trium annorum. sepes: hoc est sepes semel facta perdurabit ad tres annos. canis perdurabit ad tres sepes, i.e. ad ix annos. equus perdurabit ad tres canes, i.e. per xxvii annos. homo perdurabit ad tres equos, i.e. per lxxxi annos. cervus perdurabit ad tres homines, i.e. per ccxliii annos. corvus perdurabit ad tres cervos, i.e. per dccxxix annos. aquila perdurabit ad tres corvos, i.e. per ii^{m} clxxxvii annos. cete grande perdurabit ad tres aquilas, i.e. per vi^{m} dlxi annos. mundus perdurabit ad tria cete grandia, i.e. per xix^{m} dclxxxiii annos. et ita ab origine mundi usque ad finem ejusdem secundum imaginationem istius scriptoris erunt in toto praedicti anni.

Scriptura versuum in literis lapideis et deauratis per circuitum feretri sancti Edwardi seorsum talis est:

Anno milleno domini cum septuageno
et bis centeno cum completo quasi deno,
hoc opus est factum quod Petrus duxit in actum,
Romanus civis. homo, causam noscere si vis,
rex fuit Henricus, sancti presentis amicus.

8 *om.* in hoc opere praecipue laborans Sp. 9 perduxit] + sub anno domini millesimo cclxvi^{to} et regni regis Henrici tertii anno [...] Sp. (but cf. Customary p. vi). 11 *om.* et W.

ante suam confirmationem ab hac luce migrantis. praedictus

Visitation of the Hospital of St James.

autem abbas Ricardus plenam jurisdictionem in hospitali sancti Jacobi prope Westmonasterium habuit; qui ibidem misit tres fratres dicti monasterii ad visitandum praedictum hospitalem tam in capite quam in membris, et corrigendum quae ibidem invenerint corrigenda, anno domini millesimo cclxxvii°, nonis Februarii, et ejusdem anno [...]. hujus autem abbatis tempore, videlicet anno nono, venit in Angliam Octobonus legatus, sancti Adriani diaconus cardinalis, qui multa apud Westmonasterium

Cf. Statutum Octoboni, 'Domesd.' f. 28.

pro ejusdem loci reformatione ibidem instituit, ut supra folio [...]: qui videlicet cardinalis una cum praedicto abbate statuerunt et praeceperunt firmiter teneri in hospitali praedicto statuta ab ipsis ordinata, sub poena suspensionsis ab ingressu ecclesiae et

Cf. *Munim.* Bk 12, f. 90.

subtractionis alimentorum suorum; quae sic incipiunt: Cum omnis sancta congregatio requirit ordinem, etc., ut supra folio [...]. praeterea tempore Ricardi Berkynge abbatis Westmonasterii aedificata est domus sive hospitalis sancti Jacobi praedicti: ibidem ex assensu regis Henrici tertii et ejusdem regis consilii ordinatae erant per praedictum abbatem Westmonasterii quaedam constitutiones, a fratribus et puellis ejusdem hospitalis firmiter observandae, ut patet supra folio [...]. deinde successor praedicti abbatis, Ricardus Crokesley, plenam jurisdictionem habuit in praedicto hospitali absque ulla reclamatione vel impedimento alicujus personae.

†8 Dec. 1283.

Obiit autem abbas praedictus viii° die Decembris anno domini millesimo cclxxxiii°, et regni regis Edwardi primi post conquestum xii°, cum praefuisset dicto monasterio xxiii

Buried before the high altar, to the north.

annis et amplius: sepultusque est ante magnum altare in plano pavimento porphyritico ex parte boreali, juxta tumbam domini Odomari de Valencia comitis de Pembroke. cujus tale est epitaphium:

> Abbas Richardus de Wara qui requiescit
> hic portat lapides quos huc portavit ab urbe.

His anniversary. Cf. 'Domesd.' f. 617 *b*.

Charta anniversarii praedicti abbatis:

Anno gratiae millesimo cclxxi°, die beati Thomae martyris, Ricardus de Wara permissione divina abbas Westmonasterii de

10 ut supra folio] prout in quodam statuto ejusdem legati inseritur Sp. 15 *om.* ut supra folio Sp. 21 *om.* supra folio Sp. 25 viii°] secundo Sp. 30 Valens W.

assensu et voluntate totius conventus sui statuit et ordinavit in pleno capitulo, quod terra de Kelveden, quae fuit quondam domini Willelmi de Bonquor, quam idem abbas de manibus Hervei de Becham redemerat, portioni celario conventus assignatae addatur: et quod de dicta terra et xii marcis de Combe post mortem abbatis praedicti ejus anniversarium, prout moris est pro aliis abbatibus Westmonasterii, singulis annis solemniter celebretur. in quorum testimonium huic scripto apposuerunt sua sigilla, in nitentes in contrarium excommunicationis sententia promulgata. acta in pleno capitulo die et anno supradictis.

Temporalia autem abbatiae post mortem dicti Ricardi nuper abbatis dominus rex commisit Malcolmo de Harley, ita quod responderet domino regi de exitibus. et vacavit abbatia ab octavo die Decembris anno regni regis Edwardi primi xii°, quo die ipse abbas obiit, usque in vicesimum diem Junii proxime sequentem, antequam liberaret temporalia praedicta fratri Waltero de Wenlok, in abbatem ejusdem loci electo et consecrato; ut plenius patet praedicti in compoto Malcolmi de exitibus temporalium abbatiae praedictae, videlicet in rotulo magno de anno xii° regis Edwardi primi, rotulo compotorum.

Walter Wenlock, elected 31 Dec. (1283).

De Waltero de Wenlok abbate.

He too was Treasurer.

Walterus Wenlok post mortem praedicti Ricardi in vigilia circumcisionis domini per viam compromissi in abbatem Westmonasterii electus est. hic autem venerabilis pater similiter regis thesaurarius erat. qui perquisivit de Willelmo Deurford milite maneria de Deurhurste et Hardewike in comitatu Gloucestriae, cum hamelettis de Waleton, Apperley, Whitfeld, Trynleye, Cors et Haurigge, et quartam partem hundredi de Durherste: quae quidem maneria et hameletta ipse Willelmus et antecessores ipsius tenuerunt de ecclesia Westmonasterii ad feodi firmam, reddendo per annum abbati Westmonasterii xxiv libras annui redditus, a tempore Gervasii abbatis, ut supra capitulo [...]. ac etiam perquisivit in villa Westmonasterii in vico regio certos domos in nundinis Westmonasterii de Stephano Cornhulle, quae modo sunt in manibus sacristae, et valent ultra reprisam communibus annis lxvi solidos viii denarios et ultra.

Cf. p. 89, l. 30.

4 porcioni celerio d; porcionem celario celerarii W; celario celerarii Sp. 7 in Westm d. 10 provulgata d Sp. 13 Malcolyno W. 19 compō W; composicione Sp. Malcolini W.

ac etiam assignavit portioni conventus boscum de Bradhegge in manerio de Greneford, qui fuit ab antiquo de portione abbatis.

Gifts of plate.

Iste autem abbas assignavit conventui post mortem ejus vasa argentea; scilicet discos, salsaria et pecias argenteas ponderis l librarum et amplius. praeterea magister Willelmus de Wendone remisit pro se, heredibus et executoribus suis totum jus et clameum quod habuit vel aliquo modo habere potuit in duabus serjanciis cum omnibus suis pertinentiis; videlicet in serjancia vestibuli et in serjancia pincernariae Westmonasterii, cum corrodiis, stipendiis et aliis commoditatibus eisdem pertinentibus, praedicto abbati et successoribus suis in perpetuum. pro hac autem relaxatione et quieta clamatione praedictus abbas et conventus ejusdem loci concesserunt eidem Willelmo, quod nomina ipsius Willelmi et Johannis Giffard in singulis missalibus suae ecclesiae ad ipsorum perpetuam memoriam indelibiliter conscribantur, ipsorum animabus ac etiam animabus Roberti de Wendone et Luciae uxoris suae plenam fraternitatem et sororitatem ecclesiae suae concedentes. ac etiam quod nomen praedicti magistri Willelmi in martilogio ipsorum conscribatur, et singulis annis in capitulo in perpetuum recitetur, ut patet in magna chartuaria foliis 91, 92, 93.

Two serjeanties redeemed.

Cf. 'Domesd.' ff. 91—93.

A great fire, 29 Mar. [1298] destroys the monastic buildings.

Hujus autem abbatis <tempore>, anno videlicet xvii°, iv° kalendas Aprilis, accenso igne vehementer in minori aula palatii regii, ac flamma tecturam domus attingente ventoque agitata abbatiae vicinae aedificia devoravit. ob quam causam rex Edwardus et praedictus abbas et conventus petierunt a papa Clemente, ut ecclesiae de Kelvedene et Sabrichesworthe Londoniensis dioceseos in usus praedictorum abbatis et conventus auctoritate apostolica in perpetuum unirentur et incorporentur. et dominus papa regis supplicationibus et praedictorum abbatis et conventus inclinatus praedictas ecclesias ecclesiae Westmonasterii in perpetuum univit et incorporavit, ut patet in bulla Clementis.

Cf. Bull of Clem. VI (5 May 1351), *Munim.* Bk 3, p. 78.

Q. Eleanor's anniversary.

Dominus Edwardus rex post conquestum primus anniversarium bonae memoriae Alianorae reginae consortis suae certis maneriis abbati praedicto priori et conventui datis et assignatis ordinavit, cum certis oneribus faciendis et supportandis in die anniversarii praedicti et aliis anni temporibus, ut plenius patet

2 que W Sp. 19 martilogio] d; martilagio Sp.; martilago W.

in chartis inde confectis. sed ne prior et conventus vitio proprietatis aliquo modo incurrerent super residuo pecuniarum remanente post distributionem pauperum factam in dicto anniversario, tandem, post plurimas contentiones inter ipsos abbatem priorem et conventum ortas et finitas, praedictus abbas pie et misericorditer cum illis dispensavit, ut in sequenti charta plenius continetur:

Cf. 'Domesd.' f. 464.

Walterus de Wenlok permissione divina abbas Westmonasterii dilectis sibi in Christo filiis, suppriori et conventui suo Westmonasterii, salutem in domino. affectioni et voluntati domini Edwardi regis Angliae illustris nuper defuncti condescendere et quatenus licite poterimus complere cupientes, residuum distributionis, si quid remanserit post distributionem pauperum factam in die anniversarii clarae memoriae dominae Alianorae quondam reginae Angliae, consortis ejusdem domini regis, ad vestras pitancias seu inter vos dividendum assignamus; et tenore praesentium consentimus ex gratia nostra speciali uberius vobis concedentes, quod cum qualitercumque seu qualicumque ex causa custos maneriorum ad anniversarium dictae reginae per praedictum dominum regem concessorum et assignatorum amoveri contigerit, volumus pro nobis et successoribus nostris, quod duo fratres nostri conventus per vos electi nobis et successoribus nostris praesententur; ex quibus is quem nos seu successores nostri duxerimus seu duxerint admittendum, eidem cura maneriorum praedictorum de caetero committatur; ut per haec omnis murmurationis materia et occasio, quae per regulam beati Benedicti praecipue inhibentur, a nobis de caetero tollantur et extirpentur. manerii vero de Durherste per nos vobis et successoribus vestris concessi, ordinati et assignati, volumus quod de assensu nostro et successorum nostrorum vestraque unanimi voluntate et electione fideli filio ecclesiae et monacho custodia committatur, qui vobis ratiocinium de eodem manerio reddat annuatim; et quod super compoto ejusdem de proficuo manerii praedicti ultra concessionem vestram pro salute animae nostrae temporibus successivis faciendam remanserit annuatim, volumus

8 Walterus] Ricardus Sp. (apparently Flete began to copy the similar dispensation of Richard de Kedyngton, which immediately follows in 'Domesday,' and the subsequent corrections were incompletely made). 9 suppriori] d; priori W Sp. (as in R. de K.). 14 *om.* pauperum W Sp. 15 *om.* domini W Sp. 16 dividendas W Sp. 20 *om.* concessorum et d. 26 materia] causa W. 29 *om.* ordinati W Sp. 34 ultra] usque W Sp. 35 remansit W.

quod ad voluntatem vestram de eodem remanenti disponetis, idem remanens proportionaliter inter vos dividendo seu aliter assignando. et ne contra vos super proprietatis materia hac occasione possit causari, pro nobis et successoribus nostris, tam super remanenti proficui dicti manerii de Durhurst, quam etiam super residuo distributionis reginae praedictae, quatenus in nobis est, vobiscum dispensamus. in cujus rei testimonium sigillum commune capituli nostri ex unanimi assensu totius conventus nostri una cum sigillo nostro apponi procuravimus. data apud Westmonasterium xviii° die mensis Decembris anno domini millesimo cccvii°.

Conventus autem nunquam fuit seisitus de praedicto manerio de Durhurst in vita praedicti abbatis, nec etiam post mortem ejus; et ideo abbates eidem succedentes manerium praedictum in manibus suis custodiunt, praedicto conventui nihil inde reddendo.

†25 Dec. 1307.

Postquam autem xxiv annis minus sex diebus feliciter gubernasset, migravit a saeculo cum Christo victurus in aeternum. unde scribitur in libro qui dicitur Flores historiarum:

Cf. *Flor. Hist.* III 140.

Altitudo caelestis consilii cuncta disponens, risumque aliquando miscens cum dolore, monachis ecclesiae Westmonasterii calicem amaritudinis propinavit, ab hac luce subtrahendo venerabilem patrem Walterum de Wenlok ejusdem ecclesiae pium pastorem, regulae et ordinis sancti Benedicti zelatorem praecipuum, ecclesiae suae et fratribus multorum bonorum acquisitorem atque largitorem: qui xxv^{a} die Decembris, hoc est in medio secundae missae in nocte natalis domini, in manerio suo de Pireforde spiritum reddidit creatori: cujus corpus ad ecclesiam Westmonasterii delatum juxta magnum altare versus austrum sibi condignam accepit sepulturam. haec ibidem, anno domini millesimo cccvii°, et regis Edwardi secundi anno primo. cujus tale est epitaphium:

Buried south of the high altar.

Abbas Walterus jacet hic sub marmore tectus:
non fuit austerus, sed mitis famine rectus.

His anniversary.

Anniversarium quoque ipsius post mortem ejusdem in capis celebrabitur, ut patet per chartam sequentem:

1 *om.* vestram W Sp. 2 *om.* aliter W Sp. 29 delatum] + secundo die Januarii Fl. 31 primo] + sepultusque est in ecclesia praedicta secus magnum altare extra hostium australe feretri sancti Edwardi, ante presbiterium ibidem, sub plano pavimento et lapide marmoreo decenter ornato Sp.

Cf. 'Domesd.' f. 90.

Pateat universis quod nos Walterus permissione divina abbas Westmonasterii per assensum totius conventus nostri concedimus et tenore praesentium confirmamus, quod sacrista noster Westmonasterii qui pro tempore fuerit recipiat libras iv sterlingorum de domibus in nundinis sancti Edwardi pellipariis assignatis: ita tamen quod in crastino sanctae Barbarae virginis cuilibet monacho professo per manus dicti sacristae singulis annis pro speciebus emendis duodecim denarii liberentur; et si quid remanserit de libris quatuor supradictis die superius annotato pro vino et pitancia cedat in usus conventus. ordinamus insuper per communem assensum, sicut superius est expressum, quod pro nostro anniversario post mortem nostram in capis annis singulis celebrando, conventui qui pro tempore fuerit viginti marcas ad communem utilitatem conventus per manus dicti sacristae de domibus nostri abbatis pro praedictis nundinis jam erectis vel in posterum erigendis dicto conventui liberentur. contradictores malevolos et rebelles temporibus successivis nos et omnes capellani in consignatione praesentium assistentes excommunicationis vinculo innodamus. et ut haec ordinatio nostra robur obtineat perpetuae firmitatis, sigilla nostra authentica et communia praesentibus sunt appensa. datum in capitulo nostro Westmonasterii die sancti Thomae apostoli, anno domini millesimo cclxxxviii°.

Et vacavit abbatia praedicta per mortem dicti abbatis ibidem per duos annos integros et xvi septimanas, videlicet a die natalis domini anno regni regis Edwardi filii regis Edwardi primo, quo die ipse abbas obiit, ut patet per breve regis cujus data est xxx° die Decembris anno praedicto, usque festum sancti Michaelis proxime sequens, videlicet anno secundo incipiente; et ab eodem festo sancti Michaelis anno secundo usque idem festum proxime sequens, videlicet anno tertio incipiente, et ab eodem festo sancti Michaelis anno tertio incipiente usque xxv^{tum} diem Aprilis proxime sequentem; antequam liberaret temporalia praedicta fratri Richardo de Kedyngton in abbatem ejusdem loci electo et confirmato per breve regis patens, ut patet in compoto Johannis Foxeley custodis temporalium abbatiae praedictae in manu regis existentium, ut patet in magno rotulo de anno iii° praedicti regis Edwardi filii regis Edwardi, rotulo compotorum.

16 vel] et W. 18 caplli d; capituli W.

Richard Kedyngton, *alias* Sudbury, elected 26 Jan. (1308). Cf. *Flores Hist.* III 140.

De Richardo Kedyngtone abbate.

Ricardus Kedyngton, alias dictus Sudbury, abbas successit praefato Waltero defuncto; qui per viam compromissi in crastino conversionis sancti Pauli de monacho in abbatem Westmonasterii electus est, qui in omnibus actibus suis palam acquisivit et exhibuit suo praedecessori laudis titulum et honoris. hic autem dispensavit cum priore et conventu super residuo distributionis pecuniae maneriorum reginae Alianorae, et sub qua forma custos praedictorum maneriorum de caetero ordinaretur, ut hic sequitur:

Cf. 'Domesd.' f. 464.

Richardus de Kedyngton permissione divina abbas Westmonasterii dilectis filiis priori et conventui suo Westmonasterii salutem in domino sempiternam. affectioni et voluntati domini Edwardi regis Angliae illustris nuper defuncti condescendere cupientes, ac benignam dispensationem bonae memoriae Walteri de Wenlok praedecessoris nostri quam erga filios suos gessit imitare volentes, residuum distributionis, si quid remanserit post distributionem pauperum factam in die anniversarii clarae memoriae dominae Alianorae quondam reginae Angliae consortis ejusdem regis, ad vestras pitancias seu inter vos dividendum assignamus gratiose, ac etiam tenore praesentium consentimus ex gratia nostra speciali uberius vobis concedentes, quod cum qualitercumque seu qualicumque ex causa custos maneriorum ad anniversarium dictae reginae per praedictum dominum regem assignatorum amoveri contigerit, volumus pro nobis et successoribus nostris quod duo fratres nostri conventus per vos electi nobis et successoribus nostris praesententur; de quibus ille quem nos seu successores nostri duxerimus seu duxerint admittendum, eidem cura maneriorum praedictorum de caetero committatur; ut per haec omnis murmurationis materia et occasio, quae per regulam beati Benedicti praecipue inhibentur, a nobis omnino tollantur et extirpentur. et ne contra vos super proprietatis materia hac occasione in posterum possit causari pro nobis et successoribus nostris super residuo distributionis praedictae, ex plenitudine potestatis nobis commissae vobiscum misericorditer dispensamus. in cujus testimonium sigillum commune capituli nostri ex unanimi assensu totius conventus

11 Kidington d. 12 monasterii Westm̄ W. 20 *om.* vestras W. dividendas W. 28 quem] qui tam W. seu] quam W. 29 admittemus W. 30 *om.* materia W.

nostri una cum sigillo nostro praesentibus fecimus apponi. datum apud Westmonasterium sexto die Decembris anno domini millesimo cccxi°.

†9 Apr. 1315.

Obiit autem pater iste nono die Aprilis anno domini millesimo cccxv°, et regni regis Edwardi secundi octavo, cum praefuisset eidem loco et strenue gubernasset vii annis x septimanis et iii diebus. sepultusque est ante magnum altare in inferiori pavimento, ubi cereus paschalis solet stare, ex parte videlicet dicti pavimenti australi, sub lapide marmoreo plano cum imagine ipsius pontificaliter induto in metallo aereo honeste exarata cum tali epitaphio:

Buried near the Paschal candle.

Hic jacet Ricardus de Sudbury, quondam abbas hujus loci: cujus animae propitietur deus. amen. pater noster. ave Maria.

No anniversary is recorded.

Ad cujus anniversarium nihil omnino legimus assignatum. temporalia autem abbatiae Westmonasteriensis post mortem istius abbatis dominus rex commisit Willelmo Merre, ita quod responderet domino regi de exitibus. et duravit ista vacatio a nono die Aprilis anno viii°, quo die ipse abbas obiit, usque in xxvii diem Januarii anno x°, scilicet per unum annum et tria quarteria anni et xxi dies; antequam liberaret temporalia abbatiae praedictae Willelmo Curlyngton in abbatem Westmonasterii electo et confirmato, ut plenius patet in compoto dicti Willelmi Merre de exitibus temporalium dictae abbatiae, in magno rotulo de anno x° regis Edwardi filii regis Edwardi, rotulo compotorum.

William Curtlyngton, 24 Apr. 1315.

De Willelmo Curtlyngton abbate.

Willelmus Curlyngton per viam spiritus sancti electus est in abbatem Westmonasterii xxiv° die mensis Aprilis post mortem praedicti Richardi. hic autem pater manerium de Yslepe in comitatu Oxoniae a fundamentis de novo construxit, valde sumptuose, ut ibidem cernitur, in loco in quo jam existit; quia ante tempora sua manerium praedictum in alio loco juxta ecclesiam parochialem: in quo loco sanctus rex Edwardus natus erat, ut habetur in telligrapho ipsius regis, qui sic incipit: In nomine sanctae et individuae trinitatis, patris et filii et spiritus sancti, ego Edwardus etc. et infra fere circa finem: Postremo ego ipse pro spe retributionis aeternae. et infra: Posui in dotalicium et in perpetuam hereditatem. et

Rebuilds manor-house at Islip,

(Cf. 'Domesd.' ff. 45*b*, 47*b*.)

22 Curtlyngton Sp. 28 de Curtlyngton Sp.

paulo post: In primis Yslepe villam, in qua natus fui, cum omnibus sibi pertinentibus.

and at Sutton.

Ac etiam aedificavit praedictus abbas Willelmus manerium suum de Suttone in comitatu Gloucestriae. idemque dedit unum missale bonum magno altari Westmonasterii. hic autem pater plenam jurisdictionem in hospitali sancti Jacobi habuit; qui in visitatione sua in eodem hospitali tenta v° kalendas Martii anno domini millesimo cccxxii° plura ibidem statuit, et alia multa beneficia fecit ad illius loci commodum et honorem ac religionis incrementum, ut supra folio [...].

†11 Sep. (1333).

Buried before St Benedict's altar.

Obiit autem xi° die Septembris anno domini millesimo cccxxx° primo, et regni regis Edwardi tertii post conquestum septimo, cum praefuisset ibidem annis xvi et amplius; sepultusque est in australi parte ecclesiae ante altare sancti Benedicti, juxta tumulum domini Johannis Shordich militis, versus vestibulum divertendo, sub plano lapide marmoreo tanti patris honori congruo. cujus tale est epitaphium:

Haec est abbatis Willelmi tumba, sciatis:
quem mors amovit, et Curlyngtonia fovit.
in mortis portu se Christi corpore pavit:
sic expiravit mundus confessus ab ortu.

Cf. 'Domesd.' f. 131*b* (later hand).

Cujus anniversarium sequitur sub hac forma:

Omnibus sanctae matris ecclesiae filiis, ad quos litterae praesentes pervenerint, frater Willelmus de Curlyngtone permissione divina abbas Westmonasterii salutem in domino sempiternam. noveritis nos ad petitionem et requisitionem unanimem dilectorum filiorum nostrorum prioris et conventus monasterii nostri praedicti remisisse, relaxasse et pro nobis et successoribus nostris in perpetuum quietum clamasse dilectis filiis nostris priori et conventui praedictis, ac portioni eorundem, unum adventum et hospicium annuum per duos dies duraturum, quod nos et praedecessores nostri percipere solebamus in manerio de Hendone infra primum diem anni et ultimum, prout in quodam fine inter Gilbertum le Rous, quondam dominum de Hendone, et praedecessores nostros inde levato plenius con-

1 Gihtslepe d. 3 praed. abbas W.] a fundamentis Sp. 4 idemque] item Sp. 10 *om.* supra folio Sp. 15 militis]+sub lampade ibidem Sp. 16 tanti—congruo] cum imagine ipsius pontificaliter induti in metallo aereo exarata Sp. 19 Curtlintonia Sp. 24 Curtlington d.

tinetur; et pro quo quidem hospitio sive adventu, ut praedicitur, nos ac praedecessores nostri decem marcas sterlingorum de praedicto Gilberto le Rous et heredibus suis annuatim in manerio de Hendon percipere solebamus: ita quod nos nec successores nostri abbates Westmonasterii in adventu seu hospitio seu decem marcis pro eisdem, ut praedicitur, in manerio de Hendone praedicto quicquid de caetero exigere seu vindicare poterimus in futurum: salvis nobis et successoribus nostris aliis servitiis ab eodem manerio de Hendone nobis debitis, tam de falcatoribus et plaustris quam de meremio pro una logia singulis annis ad prata Westmonasterii et wallas inveniendo, prout in eodem fine, ut praemittitur, plenius continetur. et pro hac remissione, relaxatione et quieta clamantia, ut praemissum est, praedicti prior et conventus ex eorum unanimi assensu et consensu pro se et successoribus suis favorabiliter nobis concesserunt quod post decessum nostrum anniversarium nostrum singulis annis, cum acciderit, in dicto monasterio nostro ab eisdem solemniter et cum pulsatione magnarum campanarum in perpetuum celebretur in forma subscripta: videlicet quod die anniversarii praedicti viginti quinque solidi sterlingorum, seu panes ad valorem tantae summae, trescentis pauperibus distribuantur; et eodem die pro vino et pitanciis in conventu centum solidi fratribus assignentur. et pro duobus cereis ardentibus circa tumbam in vigilia et in die anniversarii nostri tres solidi et quatuor denarii sacristae Westmonasterii, et tres solidi illi fratri, qui pitancias providebit, ac duo solidi servientibus ecclesiae pro pulsatione campanarum assignentur et in perpetuum persolvantur, per manus ballivi qui pro tempore fuerit, de proventibus manerii de Hampstede, ad summam decem marcarum praedictarum. et pro recompensatione hospitii antedicti ad quae omnia et singula praemissa in perpetuum singulis annis post obitum nostrum, pro salute animae nostrae et pro animabus omnium fidelium defunctorum, complenda et perficienda, dicti prior et conventus se et successores suos, et manerium suum de Hampstede cum pertinentiis praedictum, coercioni et jurisdictioni abbatis Westmonasterii qui pro tempore fuerit gratanter submiserunt per praesens scriptum, ad perpetuam rei memoriam sigillo nostro una cum sigillo communi

1 quo quidem] quodam W. 4 Hendon] + predicto d. 6 seu] vel d. 10 mearemio W. 15 finabiliter d. 24 tumbam] + eius W. 34 *om.* se W.

capituli nostri consignatum, in testimonium praemissorum. actum et datum in capitulo Westmonasterii in festo apostolorum Simonis et Judae anno gratiae millesimo cccxxiv°.

In originali de anno septimo regis Edwardi tertii, rotulo xv° Middlesexiae, idem rex per litteras suas patentes datas xii° die Septembris, anno regni sui vii°, pro quodam fine c librarum commisit priori et conventui abbatiae Westmonasterii custodiam omnium temporalium ad abbatem Westmonasterii spectantium, quae in manu domini regis occasione mortis nuper abbatis loci praedicti existunt, habendam etc. in originali de anno octavo regis Edwardi iii, rotulo xxi° Middlesexiae, idem rex per breve suum datum xxix° die Junii, directum priori et conventui Westmonasterii, custodibus temporalium abbatiae Westmonasterii vacantis et in manu regis existentis, mandavit quod Thomae de Henle monacho praedictae ecclesiae, in abbatem nuper electo et per Johannem archiepiscopum Cantuariensem auctoritate apostolica rite et canonice praefecto, omnia temporalia praedicta cum pertinentiis liberarent. et sic duravit ista vacatio ab xi° die Septembris anno vii° regis Edwardi iii usque ad xxix diem Junii proxime sequentem, videlicet per tria quarteria, ii septimanas et iv dies.

Thomas Henley. Elected Sep. (1333).

De Thoma Henle abbate.

Thomas Henle post mortem Willelmi supradicti eodem anno mense Septembri in abbatem Westmonasterii electus est.

Jurisdiction over Hosp. of St James (cf. John Redyng, in Cleopatr. A. XVI f. 151).

Hujus autem tempore thesaurarius Angliae Willelmus de Cusauncia, spiritu nequam ductus, jurisdictionem in hospitali sancti Jacobi, de parochia sanctae Margaretae prope Westmonasterium, vindicabat; ea de causa, quia abbates dicti loci thesaurarii regis olim tempore officii sui plenam jurisdictionem in eadem exercuerunt. abbas autem contra thesaurarium praedictum breve impetravit, et habens secum patriam fidelissimam placitavit; qui dixerunt per sacramentum suum quod abbates Westmonasterii habuerunt et habent omnimodam jurisdictionem in praedicto hospitali, et ibidem fratres et sorores visitaverunt, eis pro suis delictis penitentiam injungendo, etc.; et quod nulli alii praeterquam praedicti praedecessores vel eorum commissarii de aliquibus rebus ad dictum hospitalem spectantibus, de his quae

3 xxiv°] vicesimo octavo d (*sed* vicesimo quarto *Lib. Nig.* f. 103). 6 Decembris Sp. 11 idem] item W. 13 abbatie tempor. W. 35 jungendo W.

Cf. *Lib. Nig.* ff. 137–9; *Munim.* Bk 12, ff. 89–94.

cedere possunt in visitatione tali, in aliquo se intromiserunt; et hoc fecerunt virtute apostolicarum litterarum, videlicet Clementis tertii, etc.; ut patet in quadam inquisitione capta coram Willelmo Scott, Rogero Hillary et aliis, in praesentia praedicti thesaurarii, anno regni regis Edwardi tertii xvi°, die Mercurii proximo post festum nativitatis sancti Johannis baptistae. de hac autem inquisitione praedictus thesaurarius non sufficienter, ut credebat, instructus perduravit in sua malitia, et ecclesiam Westmonasterii ea de causa injuriose vexabat; et abbas eidem resistebat semper placitando usque ad finem vitae. et post ejus mortem pendebat placitum usque ad, etc.

He gives a pastoral staff.

Dedit autem praedictus abbas unum baculum pastoralem, continentem in curvitate salutationem beatae Mariae virginis, cum uno angelo ex utraque parte existente.

He presides at the first general chapter of the order, 1338.

Hic autem in capitulo generali Northamptoniae celebrato primus praesidens eligitur, sub constitutionibus papae Benedicti xii, iv° idus Julii, videlicet in vigilia sancti Barnabae apostoli, anno domini millesimo cccxxxviii°. die autem crastino capitulo congregato executores locum congruum et securum ubi reponi et conservari posset libellus ipsarum constitutionum perpetuis temporibus, juxta tenorem mandati apostolici in bulla executoria comprehensi, de consensu capituli eligentes, considerata congruitate et securitate abbatiae Westmonasteriensis, abbati ejusdem loci, qui et praesidens fuerat, assignarunt eundem libellum in sua domo futuris temporibus conservanda. idem autem ordinavit ut festum beati Benedicti in quinque capis de caetero celebraretur.

The book of their decrees deposited at Westminster.

†29 Oct. (1344).

Obiit autem xxix° die mensis Octobris, anno domini millesimo cccxlii°, et regni regis Edwardi iii post conquestum xviii°, cum praefuisset ibidem x annis et amplius; sepultusque est in inferiori pavimento ante magnum altare, ubi cereus paschalis solet stare, ex parte videlicet dicti pavimenti boreali. cujus tale est epitaphium:

Buried near the Paschal candle.

Hic abbas Thomas Henle jacet, aspicito, mas.
Petre, pater Romae, memor esto sui, rogo, Thomae.
fratres jure regens, sacram vitam, scio, degens:
verax sermone fuit et plenus ratione,
auxilians vere genti quam vidit egere.

13 circuitu Sp. 14 consistente Sp. 19 *om.* ubi W.
34 *om.* Hic—mas W. 37 *om.* verax—ratione Sp.

quos sanctos scivit monachos, hos semper adivit;
atque sibi tales monachos fecit speciales.
rex et magnates laudant ejus bonitates.
nunc jacet orbatus Thomas sub marmore tectus.
sit, precor, electus et cum sanctis sociatus.
Octobris fato decessit mense grabato,
anno milleno ter centeno, scio pleno
corde, quadragesimo quarto, sepelitur in imo.

His anniversary; cf. 'Domesd.' f. 67*b* (later hand).

Iste autem relaxavit conventui vi panes, iv lagenas cervisiae et ix fercula coquinae, ac xxx tignos; atque confirmavit anniversarium praedecessoris sui Willelmi Curlyngton, ut patet in sequentibus:

Universis pateat per praesentes, quod nos frater Thomas permissione divina abbas monasterii Westmonasterii Londoniensis dioceseos, ad Romanam ecclesiam nullo medio pertinentis, attendentes affectionem benivolam dilectorum filiorum prioris et conventus nostri Westmonasterii praedicti, quam erga nos et praedecessores nostros habuerunt et habent indefessam; volentesque communem sustentationem dictorum confratrum nostrorum, quantum in nobis est, pro modulo nostrae parvitatis ampliare; eosdem confratres nostros de subscriptis per praesentes duximus exonerare: videlicet de vi panibus conventualibus, tribus lagenis cervisiae conventualis, novem ferculis, quos et quae, quotiens apud Westmonasterium vel apud le Neyte moram trahere contingeret, cotidie de celario et coquina conventus Westmonasterii percipere solebamus; et de xxx tignis de quercu, quos solebamus annuatim percipere de bosco conventus nostri in Hendone. insuper concedimus et per praesentes ratificamus et confirmamus ordinationem anniversarii Willelmi de Curlyngton praedecessoris nostri de x marcis, quas annuatim de manerio conventus nostri de Hendone percipere solebat. in cujus rei testimonium, ut haec nostra donatio, concessio, ratificatio et confirmatio perpetuae firmitatis robur obtineat, sigillum nostrum una cum sigillo communi conventus nostri praedicti praesentibus duximus apponendum. data in capitulo nostro apud Westmonasterium, sexto die mensis Octobris, anno domini millesimo cccxxxiii°.

In originali de anno xviii° regis Edwardi iii, rotulo xv° ss.

11 W. de Curtl. Sp. 20 nostrae parvitatis] nostro permittatis W.
24 *om.* quotiens W. le] la d. 30 de Curtl. d. 32 *om.* ut W.

Middlesexiae, idem rex per litteras suas patentes datas xxix° die mensis Octobris, anno regni sui xviii°, commisit custodiam temporalium ad abbatem Westmonasterii spectantium, quae in manu dicti regis occasione <mortis> ultimi abbatis ibidem existunt, dilecto clerico suo Willelmo Kelleseye, habendam, etc. quas litteras idem rex postmodum revocavit, ac commisit custodiam temporalium praedictorum dilecto sibi Rogero Basset, ut patet in originali de anno xix° regis praedicti, rotulo xvii°, habendam, etc., ita quod de exitibus inde provenientibus Philippae reginae Angliae consortis ejusdem regis carissimae, cui omnia exitus et proficua de temporalibus praedictis provenientia concessit, respondeat, etc. item in originali de anno xix° regis praedicti, rotulo xvii° ss. Middlesexiae, idem rex per breve suum datum xxiii° die Martii praecepit Johanni de Coggeshale eschaetori suo in comitatu Middlesexiae, quod Symoni de Brichestone, monacho ecclesiae praedictae, et in abbatem ibidem electo, et per sedem apostolicam confirmato, omnia temporalia praedicta liberaret; quae sibi de gratia nostra restitui petiit. et duravit ista vacatio a xxix° die Octobris usque ad xxiii diem Martii, videlicet per xx septimanas et vi dies.

Simon Bircheston.

De Symone Byrchestone abbate.

Elected 10 Nov. (1344).

†15 May 1349.

The great Pestilence.

Symon de Byrchestone successit praefato Thomae defuncto eodem anno mensis Novembris, videlicet in vigilia sancti Martini episcopi, in abbatem Westmonasterii electus et in eodem monasterio installatus. quarto anno sui regiminis apud Hampstede juxta Hendone in comitatu Middlesexiae diem clausit extremum, xv° die mensis Maii, in magna pestilentia anno domini millesimo cccxlix°, et regni regis Edwardi iii post conquestum xxiii°. in qua pestilentia obierunt praedictus abbas et xxvi monachi ejusdem loci.

His anniversary. Cf. 'Domesd.' f. 67 (later hand).

Anniversarium autem ejus, in festo sancti Martini episcopi in hieme, modo celebretur sub forma qua sequitur:

Omnibus Christi fidelibus, ad quorum notitiam praesentes litterae pervenerint, frater Symon permissione divina abbas Westmonasterii salutem in domino sempiternam. ecclesiae cui favente domino praesidemus impendiis et profectibus in quantam subministrat potentiam insistentes, ac ejusdem fabricam, quam plurimum sumptuose inchoatam, minus sufficienter ad

3 *om.* spectantium W. 15 Bircheston Sp. monacho—22 Byrchestone] *om.* Sp. *per homoeot.* 38 quamquam W.

For the building of the cloister.

congruum sustentationis gubernaculum dotatam vehementer condolentes; dedimus, concessimus, et his praesentibus remisimus et confirmamus ecclesiae nostrae antedictae, priori et conventui ejusdem, nundinas sancti regis Edwardi, pii patroni nostri; ac etiam assignavimus atque voto unanimi et assensu capituli nostri ordinavimus, quod totum emolumentum de eisdem annuatim proveniens, quamquam ad nos et portionem nostram solito pertinuit, cedat amodo in usum et utilitatem operis claustralis et locutorii: quibus plenarie peractis, cedat deinde totale ejusdem proficuum in sustentationem, usum et gubernaculum operis novae fabricae nostrae ecclesiae memoratae: conditione tamen tali, quod singulis annis, postquam ab hac luce migraverimus, dicantur diebus anniversarii nostri in perpetuum pro anima nostra Placebo et Dirige cum nota in conventu, cum solemni pulsatione campanarum; et distribuantur, per manus sacristae qui pro tempore fuerit, cuilibet de conventu ii solidos argenti; ita tamen quod conventus numerum fratrum sexagenarium non excedat: et ministretur eidem conventui pitancia in refectorio et alibi in monasterio de pane, vino et piscibus, aut aliis cibariis illi diei convenientibus, ad valorem xx solidorum; et ccc pauperibus cuilibet unus denarius erogetur, vel ad unius denarii valorem; et servientibus ecclesiae pro labore pulsationis eorundem donentur duo solidi, eorum cuilibet vi denarii: successoribus meis abbatibus et aliis personis quibuscumque sub interminatione ultionis divinae inhibentes, ne huic piae concessioni donationis derogare aut in magno vel in minimo contrarie praesumant; sed illibatam et inconcussam eandem sustineant pacifice aeternaliter permanere. in cujus rei testimonium sigillum nostrum una cum sigillo communi conventus capituli nostri praesentibus litteris per modum indenturae confectis alternatim sunt appensa. datum in capitulo nostro apud Westmonasterium xvi° die mensis Octobris, anno domini millesimo cccxlvii°.

Buried in the cloister, near the dormitory door.

Sepultusque est in claustro, ante introitum locutorii domus capitularis, juxta ostium dormitorii, sub lapide marmoreo. cujus tale est epitaphium:

De Brechestona Simon venerabilis abbas
praeminet ex merito nomine perpetuo.

5 *om.* et W. 24 cuilibet]+scilicet d. 37 Berchestona Sp.

jam precibus fratrum fultus cum patribus almis
felix iste pater floreat ante deum.

Custodiam autem temporalium abbatiae praedictae dominus rex commisit priori et conventui Westmonasterii, ut patet in originali de anno xxiii° regis Edwardi iii. sic habetur, titulo Middlesexiae, ac etiam in reportorio: Prior et conventus habent custodiam omnium temporalium abbatiae Westmonasterii jam vacantis et in manu regis existentis, una cum exitibus, quae ad regem deberent pertinere pro toto tempore vacationis absque aliquo inde reddendo: xv° die Maii, rotulo xxxvi°, Gloucestriae. idem dominus rex praecepit Symoni Basset, eschaetori suo in comitatu Gloucestriae, per breve regis datum xvi° die Septembris eidem directum, quod omnia temporalia abbatiae Westmonasterii pertinentia Simoni Langham nunc abbati ejusdem abbatiae restitueret: in originali de anno xxiii° regis Edwardi iii, rotulo xxxviii°. et duravit ista vacatio a xv° die Maii usque ad xvi^{m} diem Septembris proxime sequentem, videlicet per xvii septimanas et quinque dies. hanc vacationem dominus rex contulit fratri Nicholas Lytlyngton monacho Westmonasterii.

Simon Langham, elected 27 May (1349).

De Symone Langham abbate.

Symon Langham post mortem Symonis praedicti de priore Westmonasterii electus est in abbatem ejusdem monasterii, xxvii° die mensis Maii, per viam compromissionis. dum igitur pater iste venerabilis praesidebat, quanta dilectione conventum tractaverit, quantum ad commune fratrum commodum strenuus insudaverit, quantaque industria quorumdam insolentias, abusiones, singularitates, superfluitates et malitias exstirpaverit, qualem ordinis disciplinam jam per aliquorum voluntarios usus vitiatam sagaciter introduxerit, calens adhuc recolit memoria; et si sileat lingua, clamant opera et ipsa probant acta ad praesens usitata.

He reforms the Misericorde. Cf. *Munim.* 9,225.

Denique domum misericordiae, quae singulari quodammodo tempore et singularium pro majori parte personarum serviebat affluentiae, ad communem omnium fratrum recreationem statuit et decrevit per totum annum diebus carnium esse tenendum, exceptis diebus natalitiis et quibusdam aliis ac vigiliis et festis principalibus quibuscumque.

Idem autem perquisivit scriantiam Nicholai de Gawgeria de

19 Litlyngton Sp. 21 Symon] + de Sp. 23 compromissi Sp.
35 *fors.* tenendam.

celario, dicto Nicholao jure hereditario pertinente, ad utilitatem conventus pro lxxx libris. idem ex bono suo regimine et industria tempore suo exoneravit suam ecclesiam de debitis praedecessoris sui ad summam duarum milium et ducentarum marcarum, et de ducentis marcis in quibus conventus erat diversis mercatoribus obligatus de tempore praedecessorum suorum, Thomae Henle et Simonis Birchestone, pro placito sancti Jacobi prope Westmonasterium et aliis. idem vero portionem conventus semper fovebat et augebat, nihil a conventu in xeniis extorquens, sed ea eis integraliter relaxans. sed nihil in participationibus reginae Alianorae seu alio modo ab eis abstulit, sed semper fatebatur et dicebat portionem conventus nimis fuisse exilem. dedit autem priori et conventui unum gardinum vocatum le Bourgoigne infra clausum abbatiae, antea ad portionem abbatis pertinens, ut patet in charta inde confecta. item concessit Nicholao Lytlyngton tunc priori Westmonasterii, ut anniversarium ipsius principaliter celebraretur quolibet anno in festo sancti Nicholai episcopi, ut plenius patebit in capitulo proxime sequente. idem ordinavit in pleno capitulo anno domini millesimo ccclii°, quod de cetero ministrentur species et vinum per eleemosinarium ad caritatem in die depositionis beati regis Edwardi, et quod eodem modo feretrarius procurabit pro conventu de oblationibus ejusdem sancti in die translationis ejusdem. idem ordinavit in pleno capitulo ut festivitas sancti Dunstani in quinque capis de cetero celebraretur.

Elected bp of London; but consecrated bp of Ely, 20 Mar. 1362: afterwards abp of Canterbury, cardinal, and legate.

Idem autem monasterium praedictum in tam debita regula et sub tam bono gubernaculo stabilivit, quod etsi nihil aliud boni fecisset, secundum dicta seniorum loci praedicti, ecclesiae fundatoris merito poterat comparari. denique pater iste anno xii° sui regiminis in episcopum Londoniensem electus est, et postmodum in episcopum Eliensem consecratus xx° die Martii anno domini millesimo ccclxii°; deinde in archiepiscopum Cantuariensem; postea vero in presbyterum cardinalem tituli sancti Sixti; postremo vero in episcopum Penestrinum cardinalem, ac tunc ordinatus legatus a latere mittitur in Angliam ex parte papae. tempore autem quo stetit in officiis thesaurarii et cancellarii domini regis Angliae et consilio ejusdem, dictus dominus rex ampliorem exhibuit indies ecclesiae Westmonasteriensi rever-

8 Westm, *omisso* prope W. 16 Litlyngton Sp. 19 proximo capitulo sequente W. 24 item Sp. 28 predicte W. 29 poterit Sp.

entiam et honorem. fuerat enim vir magni consilii et sapientiae excellentis, tenacis memoriae et eloquentis facundiae; et idcirco electus est et assumptus per summos regni proceres et primates ad consilia regis secreta et regni negotia disponenda.

Gifts to the church.

Cf. *Munim.* 9, 225–6.

Dum vero esset in curia Romana cardinalis infra duos annos dedit ad fabricam navis ecclesiae Westmonasteriensis cccc libras sterlingorum, ubi Thomas praedicti Symonis pater sepultus erat: videlicet quolibet anno ccc marcas. item dedit ecclesiae praedictae libros multos ad valorem dccccxxx librarum xv solidorum x denariorum de florenis, ut patet in inventario ipsius. item dedit vestimenta multa et pretiosa valde, inter quae erat unum pretii c marcarum. quae quidem vestimenta appretiabantur ad ccccxxxvii libras iii solidos iv denarios de florenis, ut patet ibidem. item legavit vasa argentea et deaurata, ex quibus quaedam erant vendita diversis mercatoribus, et quaedam in mari perdita, et quaedam ad monasterium deportata, ad valorem mmdcxc librarum vi solidorum viii denariorum de moneta florenorum. item legavit sigillum suum et capellum suum et mantellum cum suis appenditiis, ad valorem xxiii librarum. item legavit eidem ecclesiae omnia debita quae ei debebantur et remanebant in manibus debitorum suorum, quae se extendunt ad summam mmmcmliv librarum xiii solidorum iv denariorum de florenis.

Grief at his departure.

In hujus itaque venerabilis viri recessu a monasterio, ut de Martino discipuli condolebant, senes et juvenes flebant omnesque pariter ingemiscentes dicebant, Cur nos, pater, deseris? aut cur nos desolatos relinquis? invadent enim gregem tuum lupi rapaces. O virum dilectum et merito deligendum, qui in vita sua abundantius nobis dedit sua, et post mortem se.

†21 July 1376. Buried first near Avignon; but afterwards by St Benedict's altar.

Obiit autem in vigilia sanctae Mariae Magdalenae apud Avinionam, et ibidem in domo Cartusiensi quam ipse fundaverat ad tempus sepultus erat. sed postmodum ad ecclesiam Westmonasterii ejus ossa sunt delata, et ibidem in tumba ex alabastro decenter ornata honorifice sunt sepulta, in parte australi dictae ecclesiae juxta altare sancti Benedicti abbatis. cujus tale est epitaphium:

Simon de Langham, sub petris his tumulatus,
istius ecclesiae monachus fuerat, prior, abbas:

2 excellenter W. 5 *om.* esset—ad W. 8 *legendum* cc. 8, 10 idem W.

sede vacante fuit electus Londoniensis
praesul et insignis Ely, sed postea primas
totius regni magnus regisque minister;
nam thesaurarius et cancellarius ejus,
ac cardinalis in Roma presbyter iste;
postque Penestrinus est factus episcopus, atque
nuntius ex parte papae transmittitur istuc.
orbe dolente pater, quem nunc revocare nequimus,
Magdalenae festo, milleno septuageno
et ter centeno sexto Christi ruit anno.
hunc deus absolvat de cunctis quae male gessit,
et meritis matris sibi coelica gaudia donet.

His anniversary.

Dum adhuc venerabilis pater iste staret abbas in eodem monasterio, pro anniversario suo perquisivit in Fyncheley manerium de Bidek juxta Hendone in comitatu Middlesexiae, et le Frithe in Alferthyng in comitatu Surreyae; videlicet ad vesturam et furruram conventus in eodem anniversario fratribus distribuendam, cuilibet scilicet fratri ii virgatas burneti largi et unam pelliciam, vel aliter pro pellicia ii solidos in pecunia numerata. postquam vero erat cardinalis dedit conventui mille marcas ad perquirendum xl marcas annui redditus ad incrementum iv monachorum in conventu; videlicet ad iv cantorias perpetuas pro ipso et parentibus suis in Westmonasterio celebrandas. cum qua summa pecuniae perquiruntur manerium de Bekeswell et molendina de Mulsham in comitatu Essexiae, ad valorem xvi librarum annuatim.

Plura alia beneficia huic monasterio in vita sua fecit, quae non sunt scripta in libro hoc. unde quidam de eo metrice sic scribit:

Res es de Langham tua Symon sunt data quondam
octingentena librarum milia dena.

In originali de anno tricesimo sexto regis Edwardi iii, rotulo nono, inter cetera sic continentur: Middlesexiae: idem rex per litteras suas patentes datas xx° die Martii anno regni sui xxxvi° commisit Nicholao Lytlyngton priori abbatiae Westmonasteriensis et Richardo Merston commonacho ejusdem prioris, Thomae de Frowyk et Nicholao de Bodewell, custodiam temporalium ad abbatem Westmonasterii spectantium, jam per translationem

21 xl marcatas Sp. 30 es] *fors.* aes.

venerabilis patris Symonis nuper abbatis loci praedicti in episcopum Londoniensem vacantium; ita quod de exitibus inde provenientibus regi responderent. item in eodem originali rotulo xxvii° de eodem anno: Middlesexiae: idem rex per breve suum datum xii° die Decembris praecepit Johanni de Tye tunc eschaetori suo comitatuum Surreyae Sussexiae et Middlesexiae directum, per quod breve idem nuper rex praecepit eidem eschaetori, quod omnia temporalia abbatiae Westmonasterii pertinentia Nicholao Litlyngton, nuper priori Westmonasterii, tunc in abbatem Westmonasterii electo restitueret. et duravit ista vacatio a xx° die mensis Martii, anno dicti regis xxxvi°, usque ad xii diem Decembris proxime sequentem, videlicet per tria quarteria anni minus sex diebus. hanc vacationem praedictus rex per litteras suas patentes datas xii° die Aprilis, anno regni sui xxxvi°, dedit praedicto priori et conventui absque aliquo inde regi reddendo: et praedictus prior et alii petunt exonerari de compoto dictae vacationis praetextu concessionis regis praedictae. super quo habita deliberatione concessum est, ut praedictus Nicholaus et alii exonerentur et recedant sine die, ut patet inter recorda communia de termino Michaelis, anno xxxviii° praedicti regis Edwardi tertii, rotulo sexto.

Nicholas Litlyngton, elected Apr. (1362).

De Nicholao Lytlyngton abbate.

Nicholaus Lytlyngton de priore Westmonasterii, post translationem Simonis de Langham ad sedem Eliensem, mense Aprili canonice electus est in abbatem ejusdem loci; qui adhuc simplex monachus plura bona ecclesiae procuravit. duas vacationes abbatiae praedictae a rege obtinuit; tertiam autem ad instantiam Philippae ad tunc reginae Angliae idem rex concessit eidem Nicholao. qui statim post installationem suam ratificavit et confirmavit anniversaria praedecessorum suorum abbatum, videlicet Willelmi de Curtlyngton, Thomae de Henle et Symonis de Byrcheston; et pro quibusdam proficuis contingentibus, quae dicti tres abbates conventui dederunt, idem Nicholaus in augmentationem et satisfactionem portionis abbatum futurorum perquisivit terras et tenementa in villis de Pyreford, Stanes, Denham et Suttone, quae se extendunt ad valorem xxv marcarum annuatim; praeter reversionem manerii

2 *om.* Londoniensem *spatio relicto* Sp. 4 eodem] scdm W. 16 *om.* inde W. 24 Litlyngton Sp. (*et semper*). 34 item Sp. 37 Pirford Sp.

de Birlyngham in comitatu Wygornensi post obitum domini Johannis Sapy militis, quod valet per annum ultra reprisas c solidos: quia praedictus miles tenebat praedictum manerium in feodi firma de abbate Westmonasteriensi pro xi libris per annum, tanquam de capitali domino, ut membrum de Perschore. ac etiam omnia maneria sua per magnum ventum diruta infra triennium meliora prioribus reparavit, possessionibus et redditibus, ut supra dictum est, sagaciter ampliando.

He rebuilds the abbot's house and monastic offices.

Hujus abbatis tempore et industria aedificata sunt a fundamentis de novo tota placea abbatis juxta ecclesiam; dimidium autem claustri ex partibus occidente et australi; domus quorumdam officiariorum, ut puta ballivi, infirmarii, sacristae et celerarii; magnum malthous cum turri ibidem; molendinum aquaticum et le dam cum muris lapideis, cum clausura lapidea gardini infirmariae. quae omnia de bonis ecclesiae, et maxime de bonis Symonis de Langham praedecessoris sui, ad magnum honorem monasterii praedicti ac inhabitantium ibidem, honorifice constructa sunt.

His gifts.

Idem dedit ecclesiae Westmonasteriensi unam mitram bonam de albis parellis, pretii c marcarum; ac etiam unum baculum pastoralem pretii xv librarum. magnum autem missale dedit summo altari, ac duos calices argenteos et deauratos. alios quoque libros ad divinum officium pertinentes fecit, et dedit capellae futurorum abbatum et domui infirmorum. ultra haec omnia reliquit capellae successorum suorum abbatum omnia necessaria praedictae capellae; videlicet vestimenta ac alia ornamenta sacerdotalia, calices, thuribulum, acerram, campanam, pelvim et pyxidem, totas argenteas et deauratas, ad cultum divinum ibidem perpetuo permansuras.

The great missal.

Plate for the refectory, &c.

Insuper post haec omnia dedit conventui ad usum eorum in domo refectorii serviendum, et non alibi, xlviii discos et duo chargeria, xxiv salsaria argentea, ponderis civ libras: et ad usum eorundem fratrum in domo misericordiae serviendum, et non alibi, dedit xxiv discos, xii salsaria et duo chargeria, ponderis xl librarum, signata cum istis duabus litteris, scilicet N et L, coronatis. et redditum x marcarum de ecclesia de Okham, pro hospitio praedecessorum suorum abbatum annuatim percipiendum, relaxavit ad praedictorum vasorum reparationem, sustentatio-

14 dam̄ W. 19 Item Sp. 27 acerram] aceciam W. 28 *om.* totas Sp.

nem ac renovationem faciendam temporibus futuris, quotiens opus fuerit. et pro praedictis decem marcis perquisivit portioni abbatum futurorum terras et tenementa Rogeri Belett in villa de Lalham, quae valent per annum ultra reprisas x marcas. insuper etiam dedit successoribus suis abbatibus xxiv discos, xii salsaria et iv chargeria de argento ponderis lxiv librarum; ii ollas argenteas pro vino, ponderis viii librarum; unum cyphum argenteum cum aquareo deaurato pretii c solidorum; xii platas argenteas, ponderis x librarum; ii pelves cum ii aquariis argenteis, ponderis x librarum; et ii parvos pelves argenteos sine lavatorio, ponderis vii librarum: ita quod dicta vasa post decessum dictorum abbatum restituantur thesaurariae ecclesiae praedictae, et sic reserventur abbatibus futuris in perpetuum, signata etiam cum litteris praedictis N et L. et pro his vasis supradictis concessum est eidem domino Nicholao per capitulum, quod post obitum suum singulis diebus, ad gratias conventus post prandium et cenam in choro terminatas, dicetur ab ebdomadario missae, vel vicem ejus agente: Anima Nicholai abbatis, et animae omnium fidelium defunctorum, per misericordiam dei requiescant in pace; et respondebit conventus, Amen. et si praedicta vasa, ut praedicitur, in aliqua parte non fuerint plenarie continuata, licebit abbati qui pro tempore fuerit reassumere praedictas decem marcas de Okham pro camera sua, quousque etc., non obstante satisfactione facta, ut supra in Lalham, ut patet per chartam praedicti abbatis, cujus data est apud Westmonasterium nono die Maii anno domini millesimo ccclxxviii°; ut patet in nigro papiro.

Controversy concerning St Stephen's Chapel.

Hujus etiam abbatis tempore aedificata erat capella regia infra palatium regium Westmonasterii, infra jurisdictionem abbatis praedicti; qui viriliter resistens injuriis sibi illatis occasione cujus in curia Romana diutius placitavit: tandem ad instantiam regis Richardi secundi et aliorum dominorum et amicorum ex utraque parte intervenientium, ad compositionem, ordinationem et conventionem realem mutuo consensu ac voluntate spontanea amicabiliter devenerunt, ut patet in compositione inde facta.

The murder of Robert Hawley.

Idem autem in magno parliamento, tento Gloucestriae anno secundo regis Richardi secundi, optime se habuit pro defensione

18 vicem eius vel missam Sp. 27 nigro papiro] nigro libro de novo confecto ad custus Thome Clifford monachi W.

privilegiorum ecclesiae Westmonasteriensis et libertate ecclesiastica; videlicet pro morte Roberti Hawle, in choro praedicti monasterii Westmonasteriensis per suos aemulos nequiter occisi 11 Aug. (1378). tempore altae missae, dum evangelium a diacono legeretur, in die sancti Taurini episcopi mense Augusti, ut patet per versus loco chori ibidem quo peremptus fuerat scriptos, ut sequitur:

M domini C ter septuaginta his dabis octo,
  Taurini celebrem plebe colente diem,
hic duodena prius in corpore vulnera gestans,
  ense petente caput, Hawle Robertus obit.
cujus in interitu libertas, cultus, honestas
  planxit militiae immunis ecclesiae.

Idem autem abbas ordinavit ut festum sancti Petri in cathedra in posterum celebraretur in quinque capis, unanimi assensu et consensu totius capituli.

†29 Nov. 1386. Obiit autem in vigilia sancti Andreae apostoli, anno domini millesimo ccclxxx sexto, et regni regis Richardi secundi anno [...], cum praefuisset ibidem et strenue gubernasset per xxv Buried before the altar of St Blaise. annos et amplius. sepultusque est ante ostium vestibuli et ante medium altaris sancti Blasii episcopi, sub plano lapide marmoreo decenter ornato. cujus tale est epitaphium:

Si liceat laudare virum post fata perenni
aere, tuos sonet alba pios ut versus honores,
facta genus mores pietas prudentia virtus
poscunt urget avent suadet monet incitat, atque
os ratione manus aures vaga lumina gressus
subtrahis a vitiis, morum gravitate modestus.
constanter pro jure dei bellans, tua virtus
contulit exemplar aliis pastoribus ingens.
sentiat, alma parens, Lytlyngton nunc Nicholaus
morte quod in vita tibi det devotus amavit.
fit fatata dies penultima mense Novembri
C ter et X ter et LM sex hujus necis annis.

His anniversary. Anniversarium autem ejus celebratur in die sancti Nicholai episcopi, ut ipse idem ordinavit, dum esset prior loci praedicti, per assensum et voluntatem Symonis de Langham tunc abbatis Westmonasterii; ut patet per hanc chartam sequentem: Pateat universis, etc.

7 LXX Sp. 10 Haule Sp. 19 ante ostium—altaris] infra vestibulum ante altare Sp. 23 alba] *fors.* abba.

In magno rotulo de anno decimo regis Richardi secundi in ss. Item Londoniae, etc. dominus rex Richardus secundus commisit custodiam omnium temporalium et libertatum cum pertinentiis, quae fuerunt Nicholai nuper abbatis ejusdem abbatiae defuncti in manu regis existentium per mortem ejusdem Nicholai, priori et conventui Westmonasterii; habendam et tenendam a tempore mortis ejusdem Nicholai, quamdiu dicta temporalia et libertates in manu regis contigerit remanere, etc.; videlicet a xxix° die Novembris anno praedicto regis decimo, quo die idem abbas obiit: reddendum, etc. sicut continetur in memorandis ex parte rememoratoris thesaurariae de anno xii° regis hujus, inter brevia executa pro rege de termino sancti Michaelis, per breve regis irrotulatum, in memorandis de anno xii° regis hujus termino Michaelis, rotulo xxxix°, in quo continetur, quod rex dicto decimo die Septembris anno xi° restituit Willelmo Colchestre nunc abbati loci praedicti temporalia praedicta, et ea sibi mandavit liberari. et sic patet quod ista vacatio duravit a vicesimo nono die mensis Novembris usque ad decimum diem Septembris proxime sequentem, videlicet per tria quarteria anni et duas septimanas et amplius, etc.

1 *om.* ss. Sp. 16 Cholcester Sp.

APPENDIX

The Dates of the Abbots

Siward
Ordbritht: [c. 785]
Alfwy
Alfgar
Adymer
Alfnod
Alfric
[St Dunstan: c. 948]
St Wulsin: [958—8 Jan. 1005]
Alfwy: [1005—19 Mar. 1025]
Wulnoth: [1025]—19 Oct. 1049
Edwin: 1049—12 June 1071
Geoffrey: 1071—1075 (removed)
Vitalis: 1076—19 June 1085
Gilbert Crispin: 1085—6 Dec. 1117
Herbert: Jan. 1121—3 Sep. 1136 (?)
Gervase: 1137 (?)—1157 (?) (d. 25 Aug. 1160)
Laurence: 1158 (?)—11 Apr. 1173
Walter: July 1175—27 Sept. 1190
William Postard: 9 Oct. 1191—4 May 1200
Ralph Arundel: 30 Nov. 1200—23 Jan. 1214 (d. 12 Aug. 1223)
William Humez: 4 May 1214—20 Apr. 1222
Richard Berking: 18 Sept. 1222—23 Nov. 1246
Richard Crokesley: 16 Dec. 1246—17 July 1258
Philip Lewesham: Aug. 1258—Oct. 1258
Richard Ware: Dec. 1258—8 Dec. 1283
Walter Wenlock: 31 Dec. 1283—25 Dec. 1307
Richard Kedyngton: 26 Jan. 1308—9 Apr. 1315
William Curtlyngton: 24 Apr. 1315—11 Sep. 1333
Thomas Henley: Sept. 1333—29 Oct. 1344
Simon Bircheston: 10 Nov. 1344—15 May 1349
Simon Langham: May 1349—20 March 1362 (d. 22 July 1376)
Nicholas Litlyngton: Apr. 1362—29 Nov. 1386

Note on the foregoing List.

The dates which Flete assigns for the accessions and deaths of the abbots are so often demonstrably wrong for the eleventh and twelfth centuries, that at the risk of making some fresh mistakes I feel bound to attempt a provisional chronology. Widmore made several corrections; but it seems certain that he never saw our great Chartulary, called 'Domesdaie Book'; and therefore a good deal of useful material escaped his laborious scrutiny. It may be premised that Flete knew the month and day of an abbot's death, for it was recorded in the Customary: it was the year that was difficult to determine.

For the dates within brackets in the above list I take no responsibility. They are given or implied in Flete's history. Of those which follow, the earlier are sometimes uncertain; but they may be adopted at present as approximately correct. The limits of uncertainty will be indicated in the following notes. It is to be hoped that further evidence will be forthcoming.

Ordbritht is named in the charter of Offa, King of Mercia, 785; and the second **Alfwy** in the 'telligraphus' of 1002, ascribed to K. Ethelred ('Domesd.' f. 80 *b*).

But our first secure date is the death of **Wulnoth** in 1049 (so Flete and Florence of Worcester)[1]. Edward had been elected king in June 1041, and had been crowned at Winchester on Easter Day, 3 April 1043. Wulnoth was the last abbot of the old foundation, and the new church was probably begun soon after his death.

We may assume that **Edwin**, a monk of the house, succeeded at once. Flete assigns him 'nineteen years and more' of rule[2]. Yet he gives 19 Oct. 1049 as the date of Wulnoth's death, and makes Edwin die 12 June 1068. There are other reasons for challenging this latter date: for two charters of the Conqueror making grants to Edwin (Aldenham, D. f. 193 and Islip, D. f. 292)[3] are addressed to Remigius bp of Lincoln, who can hardly have used this style before 1072, if so soon. Moreover a third (Cleygate, D. f. 489 *b*) is addressed to Walkelin bp of Winchester, who was not consecrated till 30 May 1070[4]. Unless we throw over the whole of this evidence, it is not likely that Edwin died before 12 June 1071.

[1] 1049 (1050), in the Anglo-Saxon Chronicle.

[2] There are variations of text to be noted: p. 82, ll. 3, 4, 23.

[3] D. here signifies the Westminster 'Domesday.'

[4] This charter deserves to be quoted, if only as a literary curiosity. Its original does not appear to exist, and its genuineness will no doubt be questioned. Its concluding

Geoffrey, our first Norman abbot, probably came in at once. His name appears as attesting the Canterbury Privilege at Windsor, Pentecost 1072 (Eadmer, Rolls Ser. p. 254). Flete says that he was deposed in his fourth year (or soon after).

The vacancy may not have been immediately filled. The letter quoted by Widmore, *Hist.* p. 180, which the Conqueror wrote to John abbot of Fécamp, asking him to send **Vitalis**, abbot of Bernay, a cell of Fécamp, even against his will to Westminster, suggests that there was some delay[1]. According to Flete, indeed, Vitalis must have been appointed in 1073. But the Winchester Annals give 1076 as the date of his accession, and the Anglo-Saxon Chronicle 1077 (1076).

In the Durham 'Liber Vitae' (*Domit.* A. vii, f. 52) there is a convention between Vitalis and William of St Calais, who was consecrated bp of Durham 3 Jan. 1081. Moreover he attests this bishop's Durham charter in 1082, and the Conqueror's confirmation of it in 1084 (Raine, *Scriptores Tres*, pp. v, vi). Can we then accept Flete's date for his death, 19 June 1082? Not if these Durham charters are trustworthy.

Yet we find (D. f. 82) a grant by his successor **Gilbert Crispin** to William Baynard, which is dated 1083. Our evidence is therefore conflicting. If we abandon the Durham charters we can accept Flete's date, and bring in Gilbert in 1082 or 1083: but this, as we shall see, appears for another reason too early. If, on the other hand, we suppose that Gilbert's charter, which is written into 'Domesday' by a later hand, is wrongly copied, we may make Gilbert's rule begin in 1085.

Now a Bec narrative, which relates a miracle connected with the

words are to be compared with the 'post descriptionem totius Angliae' of the well-known Westminster charter which grants Piriford to abbot Gilbert (*Munim.* ch. xxiv).

Willelmus rex Anglorum Walkelino episcopo Wintonie, et Wlfwold abbati, et Willelmo filio Osberni dapifero, et Gaufrido filio comitis Eustachii, et omnibus baronibus et ministris suis, Francis et Anglis, de Suthregia, salutem. sciatis me concessisse et dedisse deo et sancto Petro Westmonasterii, et abbati Eadwino et fratribus ibidem deo famulantibus, maneriolum de Cleygate cum omnibus eidem pertinentibus; id est cum tertia quercu in silva mea de Ditona, et cum tertia acra si nemus defecerit, et cum tertia utilitate ejusdem ville de Ditona, in bosco et plano, in pasnagio et pastura, in pratis atque piscariis, et in omnibus aliis rebus; liberum et quietum ab omnibus querelis et sciris et hundredis, auxiliis et occasionibus atque murdris; et a censu pecunie que geld et Danegeld anglice vocantur: ita plene, libere et quiete sicut comes Tostius et Leofruna comitissa pro anima sua illud predicto sancto dederunt, et sicut rex Edwardus cognatus meus melius et plenius eis concessit et carta sua confirmavit, cum saca et socca, toll et team, et cum latrone, et cum omnibus aliis rebus et consuetudinibus et legibus que ad me pertinent.

T[este] W. com̄ de moret̄ post descriptionem Anglie.

[1] No abbot of Westminster attests the decrees of the council held at St Paul's in 1075, though 21 other abbeys are represented (Wilk. *Concil.* I 364).

Crispin family, states that Gilbert Crispin was abbot of Westminster for thirty-two years. Flete accordingly dates his death 6 Dec. 1114. This is certainly wrong: for Gilbert made a convention with William de Bokeland (D. f. 528), which was attested by Bernard bp of St David's, who was not consecrated till 19 Sept. 1115; and his death is placed in 1117 by the Anglo-Saxon Chronicle and the Winchester Annals. If we accept this date and combine with it the statement of the Bec narrator, we cannot bring in Gilbert before 1085. This is Widmore's conclusion, and until further evidence appears we had better accept it. But we must bear in mind that Widmore did not know of Gilbert's grant which bears the date 1083.

After Gilbert's death there was a vacancy for more than three years. It is perhaps to be accounted for in part by the king's absence in Normandy. He returned in November 1120, the fatal month of the loss of the White Ship. Two new bishops were appointed early in January 1121; and at the same time, according to Eadmer (*Hist. Nov.* p. 291, Rolls Ser.), **Herbert** was made abbot of Westminster. The date is attested by a grant confirming privileges which he obtained in the course of 1121 from Peter of Cluny, the papal legate (D. f. 411).

Flete, however, makes Herbert rule from 1114 to 3 Sep. 1140, assigning to him six and twenty years. He is wrong at the end as well as at the beginning; and if he has dated his accession too soon, he has dated his death too late. It is true that a note in the Chetham MS of *Flores Historiarum* gives the same date for his death: but it is added in a xvth century hand, and may not improbably depend on Flete.

Although we cannot fix the date of his successor with certainty, we know that it must be earlier than 1140. For **Gervase** received a confirmation of privileges from Innocent II (D. f. 1), which bears the attestations of pope and cardinals and the exact date, 22 April 1139, at the Lateran. And a grant of the same pope, dated also at the Lateran on the same day (x kal. Mai.), confirms a grant made by Gervase of property at Hendon (D. f. 129). So it seems likely that Gervase was already abbot in 1138, if not sooner[1]. He was the natural son of king Stephen, who came to the throne 26 Dec. 1135[2].

Flete makes Gervase die on 25 Aug. 1160, and supposes him to have

[1] It is possible that there was a gap between Herbert and Gervase: for there is a charter of the Convent as to lands in Eastcheap, which from the names of the witnesses, and from the clause 'ardeat civitas necne,' I incline to date about 1136 (D. f. 528*b*). There was a very great fire in London in 1135.

[2] William of Malmesbury says that no abbot was present at Stephen's coronation (which he places on 22 Dec.).

remained as abbot until this date. But he was deposed some years before, as we shall see presently. We find his name in a charter of K. Henry II, attested by 'Thomas the chancellor' at Dover, which must, it seems, be dated early in January, 1156 (*Munim.* ch. xliv = D. f. 62). Later than this we cannot trace him with certainty[1].

Laurence according to Flete ruled sixteen years, viz. from 1160 to 11 Apr. 1176.

But his name occurs in the foundation of Aucot priory as a cell of Great Malvern, *anno* 1159 (*Monast.* new ed. III 455). The deposition of an abbot and a new appointment would probably not take place while the king was abroad: we should therefore look for a date between April 1157 and August 1158.

Now there appears to be some ground for thinking that the appointment of Laurence did not immediately follow upon the deposition of Gervase. For there is a charter of the 'totus conventus' relating to Deerhurst (D. 337 *b*), which refers to 'Gervasius quondam abbas,' and promises that the abbot from time to time will maintain what Gervase had undertaken. It is attested by Helias the prior and Osbert of Clare, and seems to have been granted before Laurence came in.

We may provisionally give 1157 as the date of the deposition of Gervase, and 1158 as that of the accession of Laurence. This will accord sufficiently well with the statement of John of Hexham, who speaks of 'magister Laurentius' as one of the electors (22 Jan. 1153) of Hugh de Pudsey to the see of Durham. He was excommunicated with the rest, but having been absolved by the papal legate started with the bishop-elect and others for Rome: 'magister vero Laurentius, divertens ab eis, apud Sanctum Albanum monachorum se contradidit institutis, post paucos annos a rege Henrico monachis Westmonasterii sublimiter praelatus, amoto abbate Gervasio, filio regis Stephani, qui res loci illius juveniliter dissipavit[2].'

Flete's date for Laurence's death (11 Apr. 1176) cannot be maintained. For the abbey of Westminster occurs among vacant ecclesiastical benefices in the 19th year of K. Henry II (1173)[3].

[1] Gervase has a grant from Adrian IV (Nicholas Breakspear, elected 3 Dec. 1154, died 1 Sept. 1159), confirming to the abbey its cell of Gt Malvern (D. f. 327). It bears date, 'Lat. viii Kal. Jun.'

[2] John of Hexham's Continuation of Sim. of Durh., Rolls Ser. II 329 f. Laurence was not archdeacon: Widmore's statement to this effect depends on a faulty text of Geoffrey of Coldingham, which has been corrected in Raine's edition (*Scriptores Tres*, p. 5).

[3] Mag. Rot. 19 H. 2, in Ced. ad Rot. I (Madox *Hist. of Exch.* c. x, vol. I p. 309, ed. 1769). For the abbot's Gloucestershire lands 'in manu regis' in the same year, see *ibid.* p. 701. The possibility of a yet longer vacancy might be suggested by a statement *ibid.* p. 558.

His successor **Walter**, the prior of Winchester, was appointed in July 1175, as we gather from Ralph de Diceto (Rolls Ser. I 101; cf. 404). His death is given by Flete as on 27 Sept. 1191; but he adds '2 Ric. I,' which would mean 1190; and this no doubt is the right year. For Richard of Devizes[1] says that the abbey was vacant when K. Richard left Sicily for the East in April 1191.

William Postard, the prior, was elected 9 Oct. 1191, the monks having successfully held out against William Longchamp's nomination of his own brother, a monk of Caen[2]. Flete's date for his death is 4 May 1201. But again he is a year too late, if we may trust Ralph de Diceto.

For **Ralph Arundel**, prior of Hurley, was elected on 30 Nov. 1200, and blessed by the bp of London at St Paul's on 17 Dec.[3] He was deposed by order of the papal legate 23 Jan. 1214: so Flete, from *Flores Hist.* II 146 f.[4]

William Humez, prior of Frampton (co. Dors.), was elected 4 May 1214, as Flete tells us from the same source (*Flores* II 147 f.). His name occurs in a charter (D. f. 497 *b*) dated on the fifteenth of that month.

For the later abbots Flete has better sources of information: but, following an error of *Flores Historiarum*, he misdates the day of Richard Crokesley's election: see above, p. 108 n. In regard to Philip Lewesham his account varies so greatly from that of Matthew Paris (Rolls Ser. V 701, 723), that I have followed Widmore in accepting the latter as the more trustworthy authority, and have placed the death of Philip Lewesham and the election of Richard Ware in 1258. Indeed the last date in the History of Matthew Paris is 25 May 1259; and he died soon after: so that Philip Lewesham's death must have taken place in Oct. 1258. Moreover the Register of Papal Letters (I 364) contains two grants to Richard, abbot of Westminster, in March 1259.

[1] Rolls Ser. Chron. of Steph. &c. III 405; cf. 410, 420.

[2] Ralph de Diceto II 100 (cf. Rich. of Devizes *ut supra*).

[3] *Ibid.* II 172.

[4] Ralph died on 12 August, says Flete. We gather from the Dunstable Chronicle (Rolls Ser. p. 85) that the year was 1223.

CORRIGENDA.

p. 13, l. 3: *for* 989 *read* 969.

p. 17, l. 6: *read* 1 John XII (955–963) or XIII (965–972).

p. 23, ll. 12—14. When I wrote this, I did not know that Sporley adds the words 'absque mitra' in the description of Laurence's effigy (see p. 94, l. 24). The effigy is so time-worn that nothing certain can be said as to remnants of a mitre. But it is odd that Dart should have figured one (vol. II, opp. p. xii).

INDEX

CAMBRIDGE: PRINTED BY JOHN CLAY, M.A. AT THE UNIVERSITY PRESS.

For EU product safety concerns, contact us at Calle de José Abascal, 56–1°,
28003 Madrid, Spain or eugpsr@cambridge.org.

www.ingramcontent.com/pod-product-compliance
Ingram Content Group UK Ltd.
Pitfield, Milton Keynes, MK11 3LW, UK
UKHW010048140625
459647UK00012BB/1687

* 9 7 8 1 1 0 8 0 7 2 9 4 6 *